AS FIGURAS
DO SAGRADO

OUTROS TÍTULOS DA COLEÇÃO AGENDA BRASILEIRA

Cidadania, um projeto em construção: Minorias, justiça e direitos
Vários autores
André Botelho e Lilia Moritz Schwarcz (orgs.)

Nem preto nem branco, muito pelo contrário: Cor e raça na sociabilidade brasileira
Lilia Moritz Schwarcz

Índios no Brasil: História, direitos e cidadania
Manuela Carneiro da Cunha

COLEÇÃO AGENDA BRASILEIRA

AS FIGURAS DO SAGRADO
ENTRE O PÚBLICO E O PRIVADO NA RELIGIOSIDADE BRASILEIRA

Maria Lucia Montes

UMA EDITORA DO GRUPO COMPANHIA DAS LETRAS

Copyright © 2012 by Maria Lucia Montes

Grafia atualizada segundo o Acordo
Ortográfico da Língua Portuguesa de 1990,
que entrou em vigor no Brasil em 2009.

CAPA E PROJETO GRÁFICO
warrakloureiro

FOTO DE CAPA
Agência Estado

PREPARAÇÃO
Alexandre Boide

ÍNDICE REMISSIVO
Luciano Marchiori

REVISÃO
Entrelinhas Editorial

Dados Internacionais de Catalogação na Publicação (CIP)
(Câmara Brasileira do Livro, SP, Brasil)

Montes, Maria Lucia
   As figuras do sagrado : entre o público e o privado na
religiosidade brasileira / Maria Lucia Montes. – 1ª ed.– São
Paulo : Claro Enigma, 2012.

ISBN 978-85-8166-021-9

1. Brasil – Civilização 2. Brasil – História – República, 1889-
3. Brasil – Usos e costumes I. Título

12-11750	CDD-981

Índice para catálogo sistemático:
1. Brasil: Vida privada : Civilização : História 981

[2012]
Todos os direitos desta edição reservados à
EDITORA CLARO ENIGMA
Rua São Lázaro, 233
01103-020 – São Paulo – SP
Telefone: (11) 3707-3531
www.companhiadasletras.com.br
www.blogdacompanhia.com.br

SUMÁRIO

A "guerra santa" e as ambivalências
da modernidade 7

Um campo em transformação 16

O etos católico e as religiões no Brasil 48

Sob o signo da violência 75

As metamorfoses do sagrado, entre
o público e o privado 93

NOTAS 123
BIBLIOGRAFIA 130
SOBRE A AUTORA 137
ÍNDICE REMISSIVO 139
CRÉDITOS DAS IMAGENS 149

AS FIGURAS DO SAGRADO*
ENTRE O PÚBLICO
E O PRIVADO
NA RELIGIOSIDADE
BRASILEIRA

* Publicado originalmente em *História da vida privada no Brasil* (volume 4), Companhia das Letras, 1998.

A "GUERRA SANTA" E AS AMBIVALÊNCIAS DA MODERNIDADE

Doze de outubro de 1995. Em Aparecida do Norte, a tradicional chegada dos romeiros, que por vários dias já afluíam à cidade, agora lotava de gente os espaços monumentais entre a velha e a nova basílica. Sob a imensa passarela, e atingindo a enorme praça circular que se estende em torno da basílica nova, réplica da de São Pedro de Roma, negros vindos de todo o Vale do Paraíba e mesmo de mais longe, como do interior das Gerais, faziam ecoar a batida dos tambores no toque de congos e moçambiques, repetindo assim a prática centenária de louvor à Virgem, que divide com Nossa Senhora do Rosário e são Benedito sua devoção. No interior da igreja, os mesmos antigos cânticos, dos tempos de infância, e outros, mais recentes, surgidos das angústias terrenas, novas e velhas, e a sempiterna mesma piedade do povo. Missas ininterruptas, e as intermináveis filas da comunhão e dos fiéis pacientemente à espera de poder chegar aos pés da imagem milagrosa surgida das águas do Paraíba nos idos do século XVIII.[1] Fora do templo, a azáfama conhecida nas dependências de acolhimento aos romeiros, na sala dos milagres e, sobretudo, a movimentação frenética do comércio, local e ambulante, que nesse dia faz sua própria festa, atendendo às multidões que demandam a pequena cidade. Tudo comporia, pois, a imagem tradicional dessa capital da fé católica no dia em que atingiam seu ponto culminante os festejos da Senhora da Conceição Aparecida, que se repetem a cada ano desde sua entronização solene como Padroeira do Brasil, em 1931. Entretanto, nesse ano, um fato inédito, como uma bomba, viria a estilhaçar essa piedosa imagem, e os ecos do escândalo por ele suscitado se estenderiam por meses a fio, surpreendendo a opinião pública e obrigando os especialistas a repensar a configuração do campo religioso brasileiro às vésperas do terceiro milênio.

É que nesse 12 de outubro a televisão brasileira transmitiria para todo o país, ao vivo e em cores, a imagem do que seria considerado um ato de profanação e quase uma ofensa pessoal a cada brasileiro, provocando enorme indignação popular e mobilizando em defesa da Igreja católica não só sua hierarquia como também figuras eminentes de praticamente todas as religiões, além de levantar uma polêmica inédita nos meios de comunicação sobre uma instituição religiosa no Brasil. De fato, nesse dia, a Rede Record de televisão, adquirida quatro anos antes pela Igreja Universal do Reino de Deus, exibiria, durante uma cerimônia religiosa desse florescente grupo neopentecostal, um gesto de um de seus bispos, Sérgio von Helde, que desencadearia violentas reações. Durante a tradicional pregação evangélica, centrada no ataque aberto às crenças das demais religiões, opondo-lhes a ênfase quase exclusiva no poder do Cristo Salvador, o bispo se referia com horror aos descaminhos idólatras da fé católica em sua "adoração a uma imagem de barro", e que nesse dia preciso atingia seu ápice nas celebrações em Aparecida do Norte. E, para melhor ilustrar seu ponto de vista, negando qualquer valor sagrado à figura da Virgem da Conceição, pôs-se a dar pontapés numa imagem que a representava, afirmando que o poder do sagrado se encontrava em outra parte — naturalmente, nas crenças e ritos de sua própria fé.

O episódio, que ficaria conhecido como "o chute na santa", seria divulgado pela Rede Globo de televisão, que o retransmitiria várias vezes em horário considerado nobre e inclusive no *Jornal Nacional*. Reportagens sobre os métodos de recrutamento dos pastores e da clientela da Igreja Universal seriam a seguir exibidas pela Globo, além de uma série de vídeos fornecidos por um ex-pastor dissidente da Igreja, Carlos Magno de Miranda, em que se divulgavam cenas da intimidade do bispo Edir Macedo, chefe da Igreja Universal, em situações domésticas e em momentos de lazer, em meio aos quais frases inescrupulosas sobre como "arrancar dinheiro" dos fiéis, ditas em tom jocoso, eram claramente audíveis como "lições" dadas aos pastores sobre as formas de angariar recursos para a Igreja. O pastor dissidente não se limitaria, porém, a fornecer à emissora, para divulgação, esse material no mínimo constrangedor, mas continuaria a apresentar novas denúncias contra a Igreja Universal em outros veículos de comunicação, inclusive publicações de grupos do próprio meio evangélico, como a *Revista Vinde*, ligada ao pastor Caio Fábio d'Araújo Filho, membro da Igreja Presbiteriana Independente, presidente da Associação Evangélica Brasileira, AEVB, e da Visão Nacional de Evangelização, Vinde. As alegações, centradas sobretudo na compra da TV Record, envolviam desde conluios escusos com o ex-presidente da República Fernando Collor de Mello e o tesoureiro de sua campanha eleitoral, Paulo César Farias, até ligações com o narcotráfico colombiano, que teria financiado parte da dívida do bispo Edir Macedo, contraída por ocasião da compra da emissora. Mais tarde, o envolvimento com políticos malufistas também viria à tona, ao lado de acusações de negociação de favores com o então ministro das Comunicações Sérgio Motta. A isso tudo se seguiria um inquérito da Polícia Federal para apuração das possíveis fraudes, inclusive financeiras, em que se encontraria envolvida a Igreja Universal, desencadeando-se a partir daí operações que contaram com a cobertura da Procuradoria da República, de técnicos da Receita Federal e do Banco Central, além de uma ampla repercussão na mídia.

A "guerra santa": manifestação da Igreja Universal em Brasília, em frente ao Congresso Nacional, em 6 de janeiro de 1996.

Tudo isso representava um desdobramento nem tão inesperado das batalhas que se travavam entre a TV Globo e a TV Record já por alguns meses, em meio a uma verdadeira guerra de imagens que agora apenas recrudescia. Um episódio anterior, em meados de 1995, envolvera uma polêmica minissérie da TV Globo retratando um pastor evangélico cujo fervor messiânico ao pregar a salvação espiritual só se equiparava à ganância apaixonada com que se entregava à conquista dos bens deste mundo. Agora, o ataque direto à Igreja Universal, mediante a divulgação de suas práticas profanadoras e de seus negócios escusos, desencadearia não só a reação católica como também a reação defensiva dos próprios evangélicos, em meio a passeatas que, segundo a estimativa dos organizadores, no Rio de Janeiro e em São Paulo, chegaram a envolver quase 1 milhão de pessoas, embora sem contar com a unanimidade do apoio dos próprios evangélicos. De fato, na opinião do pastor Caio Fábio, por exemplo, que se negou a participar da manifestação no Rio de Janeiro, "as práticas da Igreja Universal geraram um constrangimento profundo no meio evangélico", tendo declarado à imprensa que a "igreja é uma máquina de arrancar dinheiro dos fiéis" e que ela é "o primeiro produto de um sincretismo surgido entre os evangélicos brasileiros; é uma versão cristã da macumba".[2] Já outro líder evangélico, presidente do Supremo Concílio da Igreja Presbiteriana no Brasil, o reverendo Guilhermino Cunha, declararia entender que "estamos vivendo sintomas de intolerância religiosa no Brasil e é hora de dizer basta a qualquer discriminação ou preferência por este ou aquele segmento cristão". Entretanto, se recusaria a participar da passeata em São Paulo, em razão do outro componente essencial, este inteiramente profano, envolvido no conflito que chegou a ser denominado de "guerra santa": "É uma manifestação liderada pela Igreja Universal e vejo conflito de interesses entre a Rede Globo e a Record como pano de fundo deste pseudoconflito religioso".[3]

Qual a significação desses episódios no panorama religioso brasileiro de meados da década de 1990?

Sem dúvida, eles indicavam transformações profundas, cujos efeitos só então emergiam escancaradamente à superfície. Significavam, em primeiro lugar, a afirmação de um novo poder do protestantismo no Brasil, de dimensões inéditas em um país tradicionalmente considerado católico. Mas significavam também, já que essa nova visibilidade protestante se devia ao crescimento, no interior do protestantismo histórico, e muitas vezes em oposição a ele, das igrejas chamadas "evangélicas", uma transformação importante no próprio campo protestante. Por fim, visto que no centro da polêmica se encontravam as práticas da Igreja Universal do Reino de Deus, cuja proximidade com a *macumba* era apontada depreciativamente nos próprios meios evangélicos, a exemplo das declarações do pastor Caio Fábio, esses episódios evidenciavam que, na verdade, a transformação em curso no interior do protestantismo significava uma espécie de mutação interna, indissociável das vicissitudes por que passavam, graças à sua influência, as próprias religiões afro-brasileiras. Numa palavra, evidenciava-se, por meio desses episódios, que se achava em curso um *rearranjo global do campo religioso* no Brasil, cujos efeitos, oscilando entre o mundo público e o privado, ainda deveriam ser mais bem explorados para que pudessem ser devidamente avaliados.

Tais eventos, e a polêmica que se seguiu, deixavam claro para o grande público um fenômeno que os especialistas vinham já apontando havia algum tempo e logo passariam a explorar em profundidade,[4] e cujo sentido geral talvez pudesse ser indicado designando-o como as "ambivalências da modernidade" que enfim atingiam o universo religioso em um país onde a religião, na vida pública assim como na vida privada, sempre tivera um papel de reconhecida relevância. Nunca a economia política do simbólico[5] havia parecido mais adequada à explicação do fenômeno religioso no Brasil. Os sinais da transformação? A evidente ampliação e diversificação do "mercado dos bens de salvação". Igrejas enfim gerenciadas abertamente como verdadeiras empresas. Os modernos meios de comunicação de massa postos a serviço da conquista das almas. Instituições religiosas que, do ponto de vista organizacional, doutrinário e litúrgico, pareciam fragilizar-se ao extremo, mais ou menos entregues à improvisação *ad hoc* sobre sistemas de crenças fluidos, deixando ao encargo dos fiéis complementar à sua maneira a ritualização das práticas religiosas e o conjunto de valores espirituais que elas supõem. Uma maior autonomia reconhecida aos indivíduos que, um passo adiante, seriam julgados em condição de escolher livremente sua própria religião, diante de um mercado em expansão. Assim, a religião que, no Brasil, por quatro séculos, na figura da Igreja católica, fora indissociável da vida pública, imbricada com a própria estrutura do poder de Estado por meio da instituição do padroado, pareceria enfim ter se inclinado definitivamente para o campo do privado, agora dependente quase de modo exclusivo de escolhas individuais.

Fluidez do campo religioso, baixo grau de institucionalização das igrejas, proliferação de seitas, fragmentação de crenças e práticas devocionais, seu rearranjo constante ao sabor das inclinações pessoais ou das vicissitudes da vida íntima de cada um: esses seriam os sinais que revelariam a face da modernidade — ou seria já da pós-modernidade? — enfim se deixando entrever no campo religioso brasileiro. Modernidade ambígua, no entanto, porque, de modo contraditório, ela mesma seria responsável por promover — surpreendentemente a partir da expansão do protestantismo, religião histórica da tolerância e do valor da razão como base da crença — o enrijecimento das posições institucionais, a disputa no interior do campo religioso em cada uma das confissões e a intolerância para com as crenças das igrejas ou formas de religiosidade rivais, elevando ao mesmo tempo o irracionalismo aparentemente mais delirante à condição de prova da fé. Da mesma forma, à privatização e intimização das crenças e práticas constatadas no universo religioso corresponderia, contraditoriamente, mostrando uma outra face dessa modernidade, um envolvimento cada vez maior e mais complexo por parte das igrejas com o mundo social, sua busca de controle dos instrumentos de riqueza e prestígio, e a disputa aberta de posições de poder na vida pública, graças à participação direta na política.

Embora esses sinais fossem mais visíveis no interior do protestantismo, em especial nas igrejas conhecidas como neopentecostais,[6] eles não deixariam de se fazer notar também nas outras religiões,[7] evidenciando que a ação dos fatores cuja presença denunciavam atingia o campo religioso em seu conjunto. Tomando-se o efeito pela causa, chegou-se mesmo a profetizar que o Brasil e toda a América Latina seriam protestantes no século XXI.[8] Ao mesmo tempo, diante dessas transformações, e fazendo eco a outros especialistas,[9] um renomado antropólogo chegaria a se questionar se, no Brasil, o campo religioso seria ainda o campo das religiões.[10] Quais as implicações desses fenômenos, da perspectiva de uma história da vida privada no Brasil? Como as transformações que eles anunciam incidem sobre o indivíduo e as escolhas morais que realiza, sobre sua vida doméstica, as práticas da intimidade, e como se acomoda nelas a experiência interior do sagrado que toda religião pressupõe? Quais suas consequências para a vida social, na redefinição de fronteiras entre o público e o privado? A resposta a essas questões supõe que se compreenda em primeiro lugar, ainda que de modo esquemático, a gênese das transformações que resultaram na atual configuração do campo religioso brasileiro, pois disso depende em parte nossa avaliação sobre o seu significado, de uma perspectiva centrada na história da vida privada.

Mar de romeiros na festa de Nossa Senhora Aparecida. Aparecida do Norte, São Paulo.

UM CAMPO EM TRANSFORMAÇÃO

Uma das características mais notáveis que marcam a situação das religiões no Brasil atual, e no mundo contemporâneo de um modo geral, talvez seja aquela definida pelos especialistas como sua "perda de centralidade" com relação à capacidade de conferir significado à existência do homem e à sua experiência de vida. Em outras palavras, é o campo de abrangência o que mudou, no universo das religiões no mundo atual, concomitantemente ao progressivo processo de laicização que, desde o início da modernidade — quer a situemos no Renascimento, quer façamos dela sinônimo do domínio técnico propiciado pela Revolução Industrial no século XIX —, vem tomando conta das sociedades do mundo ocidental, evidenciando o significado da famosa metáfora weberiana do "desencantamento do mundo". Entendendo a religião como parte do universo da cultura, os antropólogos se acostumaram a considerar como característica que lhe é inerente seu poder de criar um corpo consistente de símbolos, práticas e ritos, valores, crenças e regras de conduta — em outras palavras, um "sistema cultural" — capaz de responder às situações limite, como o sofrimento e a morte, a ameaça de colapso dos valores morais ou a perda de inteligibilidade da experiência do mundo, em vista das quais se torna necessário ao homem recorrer a um *outro mundo* para ainda atribuir sentido ao que lhe ocorre nesta vida.[11] Hoje, portanto, numa sociedade cada vez mais dessacralizada, mais centrada no indivíduo e regida pelas regras do mercado, outras instituições e práticas, firmemente ancoradas *neste mundo*, responderiam em grande parte a essas demandas — da psicanálise ao consumo compulsivo compensatório, da busca do prazer e do lazer às drogas, como gostam de inventariar os psicólogos —, deixando a cargo de cada um a tarefa de encontrar num campo religioso também ele aberto às vicissitudes do mercado seus próprios caminhos e respostas, quase sempre compósitas, às poucas questões para as quais não encontra neste mundo outras já dadas e igualmente satisfatórias.

Constatar essas transformações significa pensar a religião com base em sua ancoragem na vida social, compreendendo que, nas múltiplas esferas de experiência em que o homem é chamado a conferir sentido à sua existência — em sua relação com o mundo da natureza, a vida social ou o universo do sobrenatural —, a religião pode desempenhar um papel de maior ou menor relevância, dependendo, em diferentes contextos ecológicos e sociais, do grau de integração a que é suscetível a experiência humana nessas várias esferas, podendo agregar-se de forma mais ou menos coerente em uma mesma *visão de mundo*, ou, mais propriamente, uma mesma *cosmologia*.[12] É dessa relação, portanto, que vai resultar a definição do que é encarado como parte da vida pública, coletiva, na multiplicidade dos papéis sociais que a cada um cabe desempenhar, e o que a cada um pertence no domínio da vida privada, na intimidade da experiência familiar, do convívio em um círculo de amigos ou na interioridade da própria consciência. E é diante desse quadro que se pode caracterizar o lugar que compete à religião, na definição das práticas e valores, das normas e das crenças que norteiam a ação do homem nesses diferentes domínios. Ora, o que se constata no mundo contemporâneo, como já foi assinalado, é, por assim dizer, um encolhimento do universo religioso sobre si mesmo: ameaçado, por um lado, por uma experiência multifária do mundo por parte do homem contemporâneo, e que compete com os significados veiculados no interior do universo religioso na tarefa de conferir significado à sua existência; e dilacerado, além do mais, pelo conflito e a concorrência interna, entre as diversas práticas e sistemas de crenças que, no interior do "mercado dos bens de salvação", disputam entre si a hegemonia no campo religioso, ameaçando pulverizá-lo em miríades de fragmentos desconexos. Assim, é sob essa dupla determinação — do grau de abrangência e da concorrência no mercado — que é preciso pensar o processo de transformação no campo religioso brasileiro que veio a determinar sua configuração atual.

País historicamente marcado pela influência da religião, o Brasil encontrou no catolicismo um conjunto de valores, crenças e práticas institucionalmente organizadas e incontrastadamente hegemônicas que por quatro séculos definiram de modo coerente os limites e as interseções entre a vida pública e a vida privada. Formalmente ligada como instituição ao Estado até o final do Império, a Igreja católica entra no século XX sob o signo da romanização e, ao mesmo tempo, da tentativa de recuperação de seus laços privilegiados com o poder político.[13] Submetida à injunção de reorganizar-se institucionalmente, promovendo uma nova centralização do poder eclesiástico segundo os ditames de Roma, e obrigada a reencontrar para si um novo lugar na sociedade, a Igreja, desde meados dos anos 1920, abandonaria a posição defensiva em que se encontrava ante o avanço da laicização do Estado e a ideologia do progresso inspirada no positivismo, para engajar-se, com um novo espírito triunfante, na implementação da "Restauração Católica".[14] A inauguração da estátua do Cristo Redentor no alto do Corcovado, em 1931, e, dois anos mais tarde, a realização do II Congresso Eucarístico Nacional são símbolos desse espírito militante com o qual, recorrendo à tradição para solucionar suas longas décadas de crise, no mais puro estilo conservador, o catolicismo atravessará as décadas de 1930 e 40, procurando dar corpo ao projeto de recriação de um "Brasil católico, uma nação perpassada pelo espírito cristão".[15]

Curiosamente, no bojo desse processo, a crescente presença das ordens estrangeiras, como consequência do triunfo da romanização, levará a Igreja a buscar manter sua influência na vida pública mediante um retorno "privatizante" sobre si mesma, procurando controlar instituições sociais capazes de formar o caráter e moldar as atitudes do homem por meio da educação, ao mesmo tempo que, no plano propriamente religioso, volta-se ainda uma vez para a esfera privada, reduzindo o catolicismo a uma dimensão puramente individual e familiar, ao incentivar a formação da consciência e as práticas de devoção.[16] A publicação de periódicos como *Lar Católico*, dos padres do Verbo Divino, *Mensageiro do Rosário*, dos dominicanos, *Almanaque de Nossa Senhora Aparecida*, dos redentoristas, ou *Leituras Católicas*, dos salesianos, ajudam a difundir essa mentalidade, enquanto as Congregações Marianas, as Filhas de Maria ou os movimentos de Ação Católica propiciam concomitantemente, no plano devocional e litúrgico, a incorporação dos leigos nas paróquias. O que se visa, através dessas instituições e dessas práticas, é antes a transformação espiritual dos fiéis e, com ela, a consolidação do papel da Igreja na sociedade existente, mais que um processo de transformação social que a obrigaria a redefinir suas próprias posições. Quando um projeto de uma nova ordem social e política se esboça nos meios intelectuais, ele é, por isso mesmo, francamente reacionário. Graças a Jackson Figueiredo, cuja ação incansável vinha sendo desenvolvida desde os anos 1920, o Centro Dom Vital, por ele criado e dirigido até sua morte, procura aliar à fé católica o espírito positivista da Ordem, descrente, porém, do Progresso, num mundo dilacerado pelo pluralismo ideológico dos regimes democráticos e a ameaça constante dos conflitos armados em escala mundial.[17]

Por isso, os "inimigos" da Igreja católica ainda são o protestantismo e as religiões afro-brasileiras, incorporadas sob a designação vaga de "espiritismo", ao lado do pensamento cientificista e da secularização, que ameaçam a posição institucional e a hegemonia espiritual do catolicismo num Brasil "verdadeiramente cristão".[18] Todavia, ao longo da década de 1940, contra o projeto abertamente reacionário de Jackson Figueiredo, graças à influência de Jacques Maritain e ao impacto da derrocada do fascismo e das ditaduras no final da Segunda Guerra Mundial, o pensamento de Alceu Amoroso Lima, que substituirá Figueiredo na direção do Centro Dom Vital, passa a liderar a corrente liberal do catolicismo.[19] Seria preciso, porém, esperar ainda pelos anos 1950 para que alguma preocupação social mais ampla começasse a se evidenciar no interior da Igreja, obrigando-a a declarar sua posição nessa frente. Mas aí, num clima de guerra fria, embora manifestando algum apoio aos projetos de desenvolvimento nacional do período, o catolicismo voltaria a retomar com novo vigor uma preocupação que chegara a inquietá-lo na década de 1920, após a Revolução de Outubro na Rússia, isto é, o perigo do "comunismo", representado pelas ideias marxistas e socialistas que já alcançavam alguma penetração significativa entre os intelectuais e, no final da década e nos anos seguintes, avançariam a passos largos no meio sindical e operário, ameaçando conduzir por uma via indesejada pela Igreja os projetos nacional-desenvolvimentistas. A expansão das atividades da Ação Católica e a atuação de d. Hélder Câmara na discussão de questões relativas ao Nordeste e à Amazônia são importantes nesse período.[20] Tudo isso, no entanto, pouco se afasta dos marcos conservadores mais ou menos explícitos pelos quais a Igreja católica pauta seus posicionamentos perante a vida pública, sendo a ética da vida privada, sobretudo a moral familiar, a ser cultivada inclusive nos Círculos Operários e no seio das Forças Armadas, a principal ênfase de sua vertente doutrinária e eclesial.[21] De certa forma, a Igreja ainda continuava a manter-se de costas para o povo, temendo fazer frente às suas demandas sociais e recusando-se a entender a linguagem em que tradicionalmente manifestara suas aspirações espirituais.

A guinada que começaria a reverter essa situação viria na década de 1960, sobretudo a partir de 1962, quando se realizou a primeira sessão do Concílio do Vaticano II. Postos em contato com as novas correntes do pensamento católico europeu e latino-americano, os bispos brasileiros dariam início a uma profunda mudança no seu discurso perante a realidade social, em seus posicionamentos políticos e em sua própria estrutura organizacional.[22] Abraçando a "opção preferencial pelos pobres" pregada pelas Conferências do Episcopado Latino-Americano — a de Medellín, primeiro, em 1968, e depois a de Puebla, em 1979 —, que procuravam aplicar ao continente as diretrizes do Concílio, e começando a organizar as Comunidades Eclesiais de Base,[23] a Igreja daria início a uma verdadeira revolução, orientada por uma profunda e dilacerada revisão autocrítica de sua própria história,[24] procurando redescobrir ou reinventar sua vocação com base em uma releitura de sua atuação "do ponto de vista do povo".[25] Embora a descentralização e a democratização das estruturas de poder que resultaram desse processo, assim como a progressiva organização-incorporação das comunidades leigas de fiéis a ele concomitante, estivessem fundadas em uma preocupação profunda e sincera com o revigoramento da mensagem católica, pela vivência integral, individual e comunitária, do seu significado, que deveria ser absorvido como uma ética coerente capaz de reger a conduta do fiel na vida pública assim como na vida privada, o envolvimento social e político que, a partir de então, progressivamente iria tomar conta da Igreja nas décadas seguintes acabaria por levar sua atuação a pender mais para a vertente pública da vida social que para a interioridade da fé na vida privada.

E nem se poderia esperar da Igreja outra coisa. Em tempos de profunda conturbação social e política, foi criada a Tradição, Família e Propriedade, TFP, grupo ligado aos setores mais conservadores do catolicismo no Brasil, que seria emblemático dos estertores da reação ultramontana da Igreja católica à guinada à esquerda em que começava a engajar-se sua hierarquia. No mesmo sentido, mas em direção inversa, a presença da Igreja católica como porta-voz da sociedade civil na longa luta pela redemocratização do país nas décadas de 1970 e 80,[26] tendo como figura-símbolo o cardeal arcebispo de São

Paulo, d. Paulo Evaristo Arns, seria igualmente emblemática do novo compromisso da Igreja católica com as causas do povo, traduzidas agora nos novos ditames da Teologia da Libertação, em que fé e política se tornavam termos indissociáveis e praticamente intercambiáveis.

Um preço, porém, deveria ser pago pelo catolicismo nesse processo. Longe da vida pública, da política e do compromisso com os pobres e suas causas sociais, uma grossa massa de fiéis, ricos assim como pobres, não mais se reconheceria nessa nova Igreja, vista por muitos como incapaz de lhes fornecer respostas quando as exigências da fé não encontravam uma equivalência necessária no plano da política, como ao precisar de conforto diante das agruras da dor íntima, da perda pessoal ou da carência espiritual, no âmbito da vida privada. Sentindo-se abandonados à própria sorte, muitos deles se bandearam para o lado do protestantismo então em plena expansão, e das religiões afro-brasileiras, que enfim conquistavam reconhecimento e legitimidade no campo religioso no Brasil. Quando a hierarquia — inclusive a de Roma — enfim voltou de novo a atenção para essa dimensão de suas tarefas eclesiais e evangelizadoras, sua resposta foi partir em busca da modernidade e das linguagens contemporâneas da fé havia muito dominadas pelos novos grupos pentecostais dentro do protestantismo, através do controle dos meios de comunicação de massa, para que enfim o *Verbo* pudesse *se fazer Imagem*, como registraram em pertinente metáfora estudiosos que analisaram esse processo.[27] Ao mesmo tempo, a busca do vigor interior da crença, da experiência de exaltação da fé e do transporte espiritual diante do milagre, como diretriz para a recuperação de uma dimensão privada da experiência religiosa, inteiramente íntima e pessoal, resultaria, no interior da Igreja, numa outra aproximação a contrapelo com o pentecostalismo, representada pelo fortalecimento e progressiva expansão da Renovação Carismática Católica.[28]

Não fosse pelas agruras do tempo, a urgência quase insuportável das causas que a obrigavam a engajar-se na nervura viva do presente, ao lado do povo, e o fervor com que se dedicara a essa tarefa, trocando em sua atuação a orientação ética pela dimensão profética, na união da palavra de Deus com os rumos da história, a Igreja católica havia muito teria podido articular sua reação, detectando os sinais de alerta que apontavam para essa profunda transformação do campo religioso então em curso,[29] em face das vicissitudes de um "mercado dos bens de salvação" em processo de crescimento e diferenciação. O protestantismo era um velho e conhecido "inimigo" das hostes católicas, desde a década de 1940. Embora já em meados do século XIX se registrasse a presença protestante no Brasil, na verdade ela jamais chegara a ser objeto de hostilidade declarada por parte da Igreja católica, a ponto de um missionário americano afirmar, naquela época: "Estou convencido de que em nenhum outro país católico do mundo existe maior tolerância e um sentimento mais liberal para com o protestantismo".[30] Ao longo desse século, anglicanos, luteranos, metodistas, presbiterianos, batistas, congregações tradicionais do chamado "protestantismo histórico" implantaram-se pacificamente no Brasil, ganhando adeptos ao ritmo da imigração estrangeira, núcleos junto aos quais se enraizaram, e da formação de uma classe média urbana, mas sem um crescimento que pudesse inquietar a hierarquia católica. Depois, nas primeiras décadas do século XX, chegariam ao país as primeiras igrejas pentecostais, a Congregação Cristã do Brasil, primeiro, em 1910, e que aos poucos irá se implantar em meio à colônia italiana de São Paulo. No ano seguinte será a vez da Assembleia de Deus, criada por missionários suecos em Belém do Pará, dando continuidade à presença, marcadamente minoritária, dos protestantes no Brasil.[31]

Batismo evangélico na praia de Copacabana. Rio de Janeiro, 1954.

É somente após a Segunda Guerra Mundial que esse quadro começa a sofrer uma mudança radical, com a irrupção de um novo tipo de protestantismo de massa, que passa a crescer de uma maneira assombrosa com base nos grupos pentecostais. Sobretudo graças à ação missionária financiada por igrejas norte-americanas, em especial a International Church of the Foursquare Gospel, no início dos anos 1950, um grande empreendimento proselitista teria lugar no Brasil, por meio da Cruzada Nacional de Evangelização. Daí surgiriam as igrejas conhecidas como de "cura divina", como a do Evangelho Quadrangular, Brasil para Cristo, Deus É Amor, Casa da Bênção e outras, que vieram se somar à Congregação Cristã do Brasil e à Assembleia de Deus, estas fazendo parte do que se conheceria como o "pentecostalismo clássico". Essas novas igrejas pentecostais — que viriam a constituir o chamado "pentecostalismo neoclássico" —[32] rapidamente se implantam e passam a ganhar centenas de milhares de adeptos em velocidade crescente, sobretudo entre as camadas mais modestas da população. Será a partir de então que o "protestantismo" começará de fato a inquietar a hierarquia católica, passando a ser sistematicamente incluído entre os "inimigos" a cujo combate deveria entregar-se a fé católica, ao lado do "espiritismo" kardecista e do "baixo espiritismo", como eram então comumente designadas as religiões afro-brasileiras.

Esse novo protestantismo de massa, ou "protestantismo de conversão",[33] trazia importantes inovações para o campo religioso, sob vários aspectos. Primeiro, no uso de instrumentos não convencionais de evangelização, centrados sobretudo na comunicação de massa, por meio do rádio, tendas de lona itinerantes junto às quais se agrupavam os adeptos potenciais para ouvir a nova mensagem evangélica, assim como nas concentrações em praças públicas, ginásios de esporte e estádios de futebol. Mas inovava também em sua própria mensagem, a "cura divina", para as doenças do corpo, da mente e da alma, aquelas mesmas que, firmemente ancoradas na imediatidade física do corpo ou na interioridade recôndita do espírito, mais de perto diziam respeito ao indivíduo. Era a essa dimensão privada de sua vida que a nova mensagem evangélica dirigia agora a atenção, longe da devoção altamente espiritualizada do catolicismo então ainda dominante, e diante da qual esses males deveriam parecer mesquinhos ou só vergonhosamente confessáveis. Por fim, o novo pentecostalismo inovava ainda, num país majoritariamente católico, do ponto de vista teológico e organizacional: suas igrejas prescindiam da hierarquia sacerdotal e negavam ao catolicismo e seus prelados o monopólio da salvação, agora colocada nas mãos dos próprios fiéis.

Muitos viram no crescimento dessas igrejas entre os segmentos mais pobres da população — que não por acaso se dá em uma época de crescente conquista de legitimidade no campo religioso por parte da umbanda e do espiritismo kardecista — também um elemento de ordem funcional ou utilitária. Num período de transformação social, com a aceleração do processo de industrialização e a consequente migração para os grandes centros urbanos de significativos contingentes populacionais vindos de um Brasil rural pobre em busca de melhores condições de vida na cidade, a emergência dessas igrejas viria ao encontro dos valores tradicionais da cultura desses migrantes,[34] em especial aqueles ligados a uma terapêutica mágica de benzimentos e simpatias ou à medicina tradicional de ervas e plantas curativas sobejamente conhecidas no meio rural de onde provinham. Para estes, a promessa da "cura divina" não seria algo estranho.[35] Por outro lado, no novo meio em que passam a viver, essas igrejas rapidamente reconstituem para esses novos trabalhadores que chegam aos grandes centros urbanos os laços de solidariedade primária de seu local de origem, perdidos com o processo migratório, dando-lhes enfim o sentimento de pertencimento que lhes falta na grande cidade, absorvendo-os numa *comunidade*: "Por mais humilde, mais incapaz, mais ignorante que seja, o convertido sente imediatamente que é útil e que nele depositam confiança: chamam-no respeitosamente *irmão*, seus serviços são solicitados por pessoas que falam como ele e que têm a certeza de pertencer ao *Povo de Deus*".[36] Por fim, para esses novos fiéis, a adesão às igrejas pentecostais emergentes seguramente representaria uma "subversão simbólica da estrutura tradicional do poder", como afirma Willems. Essas são igrejas que nascem sem os vínculos tradicionais que sempre uniram o catolicismo às classes superiores, rejeitando, por desnecessária, sua tutela paternalista. Ao rejeitarem também a hierarquia sacerdotal tradicional da Igreja católica, elas promovem a adesão a um sistema de crenças religiosas que "colocam o sobrenatural ao alcance imediato de todos os que abraçam a nova fé".[37] Assim, voltando as costas para o catolicismo, amplos setores das camadas populares emergem no campo religioso como sujeitos de suas próprias crenças e instrumentos de sua própria salvação, mediante uma adesão de foro íntimo, dependente apenas de sua consciência, inteiramente de cunho privado.

Apesar do extraordinário crescimento que o protestantismo conhece então, graças à multiplicação dessas igrejas evangélicas, sua presença pública é menos notória, pela característica mesma da nova fé que assim se difunde. Individualista, ela encerra os fiéis no âmbito da comunidade que partilha as mesmas crenças e as mesmas esperanças, longe da agitação da vida social mais ampla, ensinando a não ambicionar outra projeção senão aquela que se conquista no interior da própria Igreja. Assim, enquanto no caminho católico — num período de grande conturbação política no Brasil e sobretudo de profunda transformação no interior da própria Igreja, ao longo das décadas de 1950 e 60 — os desafios sociais, que passarão a crescer cada vez mais como tema e problema teológico, eclesial e pastoral, irão progressivamente polarizar as posições da hierarquia da Igreja, atingindo também seu próprio rebanho, o protestantismo evangélico afastará seus fiéis das tentações da participação na vida pública. Ao contrário, por quase três décadas a partir de então, até praticamente os anos 1980, os evangélicos multiplicarão sua visibilidade social apenas em razão do crescimento vegetativo de suas igrejas, mas nem por isso sua influência deixará de aumentar, sobretudo graças a uma estratégia descentralizada de ação evangelizadora, pela intermediação de organizações paraeclesiásticas que afluem do exterior para o Brasil durante o período. Sem estarem ligadas a uma Igreja em particular, mas abertas ao intercâmbio com todas as que se mostrarem dispostas a trabalhar com elas, essas organizações desenvolvem um tipo de ação segmentada, voltando-se indistintamente para pastores, homens de negócios, presidiários, mulheres, atletas ou crianças, entre outros grupos sociais. Embora seu impacto na reordenação do campo evangélico ainda não tenha sido devidamente avaliado, é provável que essas organizações tenham tido um papel importante na preparação da grande guinada que nele se iria produzir a seguir, a partir de meados da década de 1970.[38]

É que, então, começa a surgir um novo tipo de igreja evangélica, inédito no Brasil, sendo suas mais conhecidas representantes a Igreja Universal do Reino de Deus, a Igreja Internacional da Graça de Deus ou a Renascer em Cristo. Em menos de três décadas, essas igrejas conhecem um crescimento vertiginoso, diversificando suas atividades e formas de atuação a ponto de definir um perfil próprio, que as distingue entre si e mesmo no interior do campo evangélico, no qual configuram o que veio a ser chamado de "neopentecostalismo".[39] Entretanto, apesar de suas diferenças significativas, o que aproxima essas igrejas é o mesmo uso extensivo e agressivo que fazem dos meios de comunicação, principalmente o rádio e a TV, como instrumento de evangelização de massa, dando corpo à ideia de uma "Igreja eletrônica" em que varia apenas o estilo — mais intimista na Renascer em Cristo, mais espetacular na Universal do Reino de Deus, por exemplo. Não é que com isso elas tenham abandonado as concentrações de massa como forma de proselitismo, já que, ao contrário, os eventos em estádios de futebol ou em grandes espaços públicos abertos têm multiplicado sua presença nos grandes centros urbanos por todo o país. Em alguns casos, elas chegaram mesmo a inovar, como na organização de enormes cortejos festivos que carreiam verdadeiras multidões para o local de uma grande manifestação previamente programada, ou, como no caso da Igreja Universal, mediante a compra sistemática de edificações de porte em lugares públicos de notória visibilidade, como cinemas e teatros, supermercados e galpões desativados, para neles instalar locais de culto que atraem grande número de fiéis, chamando a atenção por sua presença ostensiva, em contraste, por exemplo, com a presença constante porém mais modesta, sempre obedecendo a um mesmo padrão arquitetônico, das igrejas da Assembleia de Deus. Mas é sobretudo por intermédio da mídia que o poder dessa nova presença evangélica se faz sentir, penetrando na intimidade do lar a cada noite, graças à programação radiofônica e televisiva especializada que preenche os horários tardios de grande parte das emissoras com a difusão de sessões de culto, clipes musicais e mensagens religiosas, ou mesmo o horário integral de algumas estações de rádio e TV, de propriedade das próprias igrejas, a exemplo da TV Record, adquirida pela Universal no início da década de 1990.

Essa visibilidade reflete o crescimento, sem dúvida extraordinário, das igrejas pentecostais e neopentecostais, ao mesmo tempo que também ajuda a promover a influência protestante no Brasil. No interior do protestantismo em seu conjunto, são elas, de fato, as que têm conhecido um aumento mais significativo do número de fiéis, que se multiplicaram, sobretudo nas três últimas décadas, com velocidade quase espantosa, a ponto de terem, sozinhas, índices de crescimento que quase chegam ao dobro daquele registrado entre as igrejas evangélicas tradicionais — representando 5,57% e 2,99%, respectivamente, da população brasileira, segundo os dados do censo demográfico de 1991 do Instituto Brasileiro de Geografia e Estatística, o IBGE. Pouco menos de duas décadas depois, segundo levantamento feito pelo IBGE no censo de 2010, nada menos que 22,2% dos brasileiros se declararam evangélicos, um aumento mais que significativo, quando se considera que em 1970 seu número chegava apenas a 5,17%.[40]

É certo que se torna difícil delimitar com precisão a categoria "evangélico", já que engloba um número importante de igrejas com grande diversidade organizacional, teológica e litúrgica. Na verdade, o termo é usado ora englobando o conjunto das igrejas protestantes, as chamadas congregações "históricas" assim como as igrejas pentecostais, ora referindo-se apenas às diversas modalidades do pentecostalismo, "clássico", "neoclássico" ou "neopentecostal". Assim, "evangélico" torna-se antes uma categoria "nativa", um rótulo identitário por meio do qual, no grupo disperso, se demarcam fronteiras, incluindo-se ou não determinados segmentos no interior do grupo de acordo com aquele que dele se utiliza, no constante processo pelo qual se desconstroem e se refazem identidades.[41] Entretanto, malgrado essas indefinições no discurso "nativo", sem dúvida, no processo de construção contrastiva e relacional da identidade, *visto de fora*, "evangélico" remete a um conjunto de características que traçam um perfil relativamente bem definido de um grupo que engloba um número cada vez mais significativo de pessoas. E isso não deixaria de ter consequências.

Loja de artigos evangélicos.

Na verdade, o crescimento dos evangélicos, que lhes deu visibilidade pública, se refletiu também no interior do próprio grupo, que desde a década de 1980 procura, e agressivamente, marcar sua presença na cena pública, valendo-se da participação política. O grupo que se tornaria conhecido como a "bancada evangélica" do Congresso Nacional, durante os trabalhos da Assembleia Nacional Constituinte, representou um primeiro exemplo, inédito, de participação, no interior de um grupo que historicamente se mostrara avesso à política.[42] Desde então, a cada eleição, o acompanhamento dos apoios, adesões, divergências e alianças de candidatos evangélicos, e das próprias igrejas com relação a outros candidatos, se tornaria uma tarefa obrigatória dos analistas da religião e da política no Brasil.[43]

Também não é estranha a essa projeção pública dos evangélicos a forma peculiar de organização de suas igrejas. Atuando de modo disperso, elas não contam com uma organização institucional capaz de sobrepor-se à sua fragmentação e às divergências internas que exibem, representando-as como unidade, a exemplo da Confederação Nacional dos Bispos do Brasil, a CNBB, com relação ao catolicismo, apesar de algumas tentativas recentes nesse sentido. Assim, gozando de extraordinária autonomia, cada uma se projeta no espaço social segundo a iniciativa dos pastores ou de suas comunidades locais, e muitas vezes o próprio crescimento numérico de sua membresia permite-lhes desenvolver organizações paraeclesiásticas que, sem estar diretamente subordinadas às igrejas, asseguram-lhes, porém, a possibilidade de aumentar o âmbito de sua influência em setores diversos da sociedade civil. Nesse terreno, a Igreja Universal do Reino de Deus representa ao mesmo tempo a culminação dessa tendência e, paradoxalmente, quase a sua negação. De fato, organizando-se cada vez mais de forma centralizada, um pouco à semelhança da hierarquia católica, ela pauta, no entanto, sua atuação em moldes empresariais, encarando a tarefa de ocupar o espaço público e granjear prestígio social em termos profissionais. Não só conta com um bispo para as funções de "coordenador político" de sua atuação na vida pública como, na esfera civil, constitui uma verdadeira corporação, controlando uma série de empresas, que vão do ramo das telecomunicações ao turismo, do setor gráfico ao jornalismo, da movelaria ao setor bancário, além de ser proprietária de uma empresa de consultoria que funciona como uma holding, administrando os bens da igreja no Brasil e no exterior. O que é peculiar a essas empresas é que muitas delas têm como sócios-proprietários ou acionistas majoritários parlamentares do Congresso Nacional, de diversos estados e filiados a diferentes partidos. E, com a mesma desenvoltura com que gerencia seus negócios terrenos, a Universal também governa seus negócios espirituais. O próprio recrutamento de seu clero também obedece a um modelo empresarial de tipo *franchising*, uma vez que os pastores "adquirem" seus postos mediante contrato com a igreja, com cláusulas bem definidas de obrigações e direitos, e cuja rescisão pode até mesmo dar lugar a processos trabalhistas.[44] Assim, a fé e os negócios demonstram poder sem dificuldade caminhar no mesmo sentido.

Tudo isso é novo no panorama religioso brasileiro, ou pelo menos assim parece. A fé católica no Brasil, graças à sua Igreja apostólica e romana, sempre procurou garantir sua projeção na vida pública, social e política, por meios menos diretos, mais elitistas talvez, já que dependentes da relação privilegiada da hierarquia eclesiástica com o Estado e os governantes, ou então de uma cumplicidade mais ou menos declarada, fundada no compartilhar de objetivos sociais e políticos comuns, com as classes dirigentes da vida social e política do país. Mesmo ao firmar declaradamente sua presença na vida pública, nos duros anos do regime militar, a Igreja falou aos governantes de modo direto mas de igual para igual, na altaneira distância de quem, mudando de rumo, sabe que suas bases de poder estão em outra parte, no seio do povo, ainda que este fosse apenas "o povo visto do altar", na vívida expressão de um analista.[45] A participação de seus fiéis na vida pública por meio da representação política jamais resultou numa ação coordenada nos moldes desenvolvidos pela "bancada evangélica". Nem seus sacerdotes, à exceção talvez dos tempos coloniais e do Império, engajaram-se tão direta e publicamente na disputa política, pleiteando cargos eletivos. A formação de seus quadros especializados, longa e dispendiosa, arrisca-se a todo instante a sofrer solução de continuidade, em face da ameaça sempre presente da "crise das vocações". Seu poder econômico, certamente um verdadeiro império, nunca foi alardeado de forma aberta e com orgulho. Ou, talvez, nem tudo seja tão novo, afinal. Talvez o que espante, ou pareça novo, e mesmo chegue a chocar, é ver através do *outro* — uma religião minoritária — aquilo que nos envolve de tão perto e desde sempre que acabou por se tornar invisível. Talvez tudo resulte apenas de uma diferença de *estilo*, mais contido e eivado de meandros e mediações — maquiavelicamente dissimulado, como talvez alguém dissesse? — num caso, mais agressivamente declarado noutro. A ética de Inácio de Loyola ali, a de Lutero e Calvino aqui. Dois estilos de ação privada marcando diferentes instituições religiosas, a do contato face a face, íntimo e pessoal, e a da iniciativa privada. Uma prova a mais, se fosse necessária, de que diferentes religiões comportam diferentes cosmovisões, cosmologias, e de que é também a partir do seu interior que se definem as fronteiras entre o público e o privado. Nosso espanto, mediado pela ação do outro que produz o estranhamento, seria então, *a contrario*, uma prova a mais do grau de impregnação da cultura brasileira pelo etos católico, se provas fossem ainda necessárias. Talvez nem tudo seja tão novo, afinal.

O que importa registrar, porém, para além da novidade, é o modo como diferentes motivos, propulsionados por diferentes processos de desenvolvimento histórico, autônomos e separados, em diferentes circunstâncias sociais, envolvendo atores e visando setores distintos, se combinam para imprimir uma dinâmica própria ao processo de transformação do campo religioso brasileiro e promover a abertura do "mercado dos bens de salvação". Dessa forma, delineia-se um movimento simétrico e inverso no interior do catolicismo e do protestantismo, com relação à maior ou menor ênfase dada em momentos distintos a uma religiosidade íntima, devocional e comunitária, ou a um apelo mais abrangente à participação na vida pública, que se reflete na ética privada do fiel. Assim, enquanto o catolicismo se projeta na vida social e política, engajando-se decididamente na via da "opção pelos pobres", as igrejas evangélicas ainda se recolhem em uma religiosidade mais pessoal, quando muito comunitária, com base na experiência íntima da conversão. Ao contrário, é quando o catolicismo começa a viver a crise de apelo da Teologia da Libertação, com seu forte componente social e político, que as novas igrejas pentecostais emergem, reivindicando sua participação na cena pública por intermédio da disputa política em que se engajam seus líderes e mesmo da postura mais combativa de seus fiéis perante as demais religiões.

A característica peculiar dessas igrejas que vêm decididamente ameaçar a hegemonia católica nesse período não está, porém, nem em seu crescimento vertiginoso, nem em sua projeção pública inédita, nem em sua forma de organização, nem sequer no fato de terem feito da mídia eletrônica seu instrumento essencial de proselitismo e mesmo evangelização. O que as singulariza no panorama evangélico é que estas são igrejas *autóctones*. De fato, à diferença das igrejas pentecostais "neoclássicas" que as precederam, oriundas de empreendimentos proselitistas vindos do exterior, estas são igrejas nacionais, contando com líderes genuinamente brasileiros. E se é certo que os princípios doutrinários segundo os quais se organiza sua teologia são "importados", tendo sido originalmente formulados nos Estados Unidos, é preciso reconhecer, contudo, que eles sofreram no Brasil um processo de reelaboração profunda, em especial na Igreja Universal do Reino de Deus. Na verdade, ao fazer da "guerra espiritual" uma agressiva arma de combate às demais religiões, ao catolicismo e em especial ao universo religioso afro-brasileiro, identificando neles a obra do Demônio que impede os homens de gozar de todos os benefícios que Deus lhes concede no momento em que o aceitam como Senhor, segundo ensina a "teologia da prosperidade", a Igreja Universal conseguiu reapropriar em seu benefício, mas pelo avesso, um rico filão da fé já encontrado na tradição das religiosidades populares no Brasil. E é nessa *retradução* doutrinária em termos das linguagens espirituais mais imediatamente próximas, no contexto brasileiro, que reside um dos fatores fundamentais do seu êxito.

Em particular no caso das religiões afro-brasileiras, essa situação seria francamente inquietante, não fosse pelo caráter quase habitual, nesse universo, da distorção de significado a que foram constantemente submetidas suas práticas e crenças. Oriundos do mundo da escravidão, os *candomblés*, *xangôs* ou *batuques*, como são chamados em diferentes regiões do Brasil, são o resultado de um amálgama peculiar entre distintas formas de religiosidade de nações africanas aqui forçosamente obrigadas ao convívio pelo poder do colonialismo escravocrata, ao mesmo tempo que também se transformam pelo contato com o mundo do catolicismo do colonizador branco e com as religiões dos povos indígenas nativos da América. Assim, as tradições religiosas, fundamentalmente centradas no culto dos ancestrais, dos povos banto

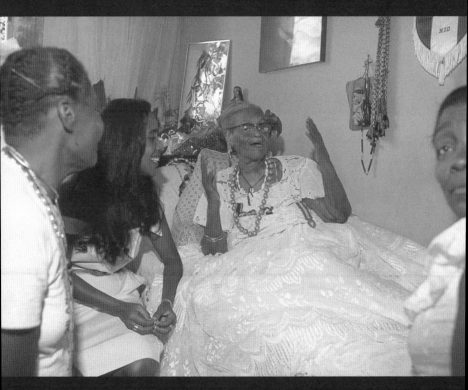

Mãe menininha do Gantois na sua festa de 80 anos, em fevereiro de 1974.

— congo, angola, quiloa, rebolo, benguela —, mais cedo incorporados ao processo de colonização,[46] bem como o rico universo jeje do culto dos *voduns*,[47] as formas religiosas fantiachanti ou de nações islamizadas como os haussá, mandinga, fula e outros, acabariam, em muitos casos, por se fundir ou confundir no panteão de origem nagô ou ioruba — keto, ijexá, egbá — do culto dos *orixás*.[48] No Brasil, em detrimento das demais etnias,[49] esses grupos passaram a ser encarados pelos estudiosos quase como paradigma da *pureza* das religiões afro-brasileiras,[50] considerando-se que teriam tido condições de conservar mais de perto suas tradições de origem pelo momento tardio — já no século XIX — em que significativos contingentes de escravos provenientes da Nigéria ou do Daomé são incorporados ao mercado brasileiro. Neles se incluiriam, em alguns casos, membros da realeza e de castas sacerdotais, o que permitiu uma certa aglutinação, ao seu redor, de súditos e devotos que estão na origem de algumas das mais importantes casas de candomblé do Brasil, ou *terreiros*, como seriam mais conhecidos.[51]

Entretanto, visto em perspectiva, e do ponto de vista dos próprios africanos no Brasil, esse fenômeno, que significou uma certa autonomia na organização dos seus cultos, seria relativamente recente. Sob as condições da escravidão, suas tradições culturais e religiosas só poderiam subsistir de modo fragmentário, expressando-se em meio aos *batuques* e *calundus* cuja presença é amplamente atestada nos documentos do período colonial[52] e na literatura dos viajantes,[53] sendo tomados no mundo dos senhores por "divertimento" a que se entregavam os negros, consentidos em razão dos benefícios morais e políticos que deles se esperava, isto é, a tranquilidade da senzala e a submissão dos escravos. Menor complacência, porém, teriam senhores e au-

Irmandade Nossa Senhora da Boa Morte. Constituída exclusivamente por mulheres negras, a história dessa confraria confunde-se com a própria história da importação de mão de obra escrava da costa da África para o recôncavo canavieiro da Bahia.

toridades eclesiásticas para com as práticas mágicas indissociáveis dessas formas de religiosidade que, vistas como *feitiçaria*, foram objeto de constante perseguição pelos visitadores do Santo Ofício.[54] Mesmo após a independência, a missão cristianizadora que dera sentido ao empreendimento colonial português no ultramar e agora presidia à construção do Império no Brasil não se cansaria de condenar as práticas pagãs e a lassidão moral que campeavam soltas nas senzalas,[55] aparentemente desmentindo os esforços de integração dos escravos às devoções do catolicismo que se multiplicavam desde os primeiros tempos da colonização. Em fins do século XIX, porém, não seria tanto em nome da teologia quanto da ciência que as práticas religiosas dos africanos e seus descendentes no Brasil seriam objeto de nova desqualificação. Sob o signo do evolucionismo, a evidente miscigenação racial a que dera lugar a colonização no Brasil aparecia agora como risco de inviabilização da própria nação,[56] e as religiões afro-brasileiras figuravam práticas "animistas" e "fetichistas" habituais entre os povos "inferiores", como eram então considerados negros e índios no Brasil, sendo assim classificadas até mesmo pelos homens de ciência que se dedicaram ao seu estudo, nas primeiras décadas do século XX.[57] Nesse período, e mesmo ao longo das décadas de 1930 e 40, em nome de um novo projeto civilizatório, que incluiu desde extensas reformas urbanas na capital federal[58] até uma nova política sanitarista e depois eugenista para todo o país, os terreiros de candomblé passariam a ser objeto de rigorosa perseguição por parte da polícia e do Poder Judiciário, sendo igualmente denunciados como "curandeirismo" pela corporação médica seus ritos de caráter mágico-religioso.[59]

Assim, as religiões afro-brasileiras adentrariam o período de modernização da sociedade brasileira que se anuncia nos anos 1930 ainda sob o duplo peso da estigmatização e da perseguição. Não por acaso, será em meio à elite intelectual, retomando uma tradição já de finais do século XIX e início do XX, representada por exemplo por Aluísio Azevedo e Euclides da Cunha, que escritores e artistas dissidentes, como os participantes da Semana de Arte Moderna em São Paulo, ou francamente de esquerda, como Jorge Amado, procurarão, ao longo dos anos 1920 e 30, resgatar em algum sentido positivo as tradições culturais dos africanos no Brasil, revalorizando suas práticas religiosas como constitutivas da própria identidade da nação,[60] ao mesmo tempo que se denunciam as condições de abandono e pobreza a que foram relegados os negros no país.[61] Assim também, entre os acadêmicos, Gilberto Freyre, com a publicação de *Casa-grande & senzala*, em 1933, inauguraria uma outra vertente dos estudos sobre o negro no Brasil, em que a contribuição das culturas africanas é incorporada de modo positivo — a ponto de inverter o viés racista dos teóricos marcados pelo espírito evolucionista, para dar lugar ao elogio da miscigenação —[62] numa tradição que seria desenvolvida por Arthur Ramos,[63] Edison Carneiro,[64] e posteriormente retomada por pesquisadores estrangeiros como Roger Bastide[65] e Pierre Verger.[66]

Por outro lado, entretanto, ainda nos anos 1920 ou 30, as religiões afro-brasileiras conheceriam uma tentativa inédita de legitimação, que resultaria paradoxalmente em uma nova desqualificação e, ao mesmo tempo, na criação de um novo tipo de culto, a *umbanda*, que viria a constituir uma das formas de religiosidade mais populares no Brasil. De fato, sob a forte influência da mentalidade cientificista de fins do século XIX representada pelo evolucionismo e o positivismo, a criação na França, por Allan Kardec, de um espiritualismo que não mais se opunha à ciência, mas antes procurava incorporá-la em benefício de suas crenças, representaria, no Brasil dos anos 1930, um importante instrumento de reapropriação das religiões mediúnicas afro-brasileiras, inicialmente no Rio de Janeiro e logo em outros centros urbanos, por parte de uma pequena burguesia branca, urbana e letrada, que assim prestava homenagem ao espírito nacionalista do tempo ao criar uma religião "autenticamente brasileira", sem com isso abrir mão do projeto civilizatório que por décadas tinha servido de base à condenação desses cultos.[67] Incorporando à crença do kardecismo na possibilidade de comunicação com os mortos a tradição de culto aos ancestrais herdada sobretudo dos povos banto, e uma moral que reivindica a herança das virtudes cristãs, em especial a caridade, à pretensão de cientificidade da "evolução" até mesmo no plano espiritual, a umbanda procurará "expurgar" as religiões afro-brasileiras de alguns de seus aspectos mais "bárbaros", considerados próprios a uma forma de religiosidade "inferior". Por exemplo, o sacrifício de animais, visto como característico do "baixo espiritismo", da *macumba* ou da *quimbanda*, será abandonado pelos fiéis da umbanda, que, em contrapartida, procurarão dedicar a finalidades mais "altruístas", de cura de doenças físicas e mentais, e de aconselhamento sobre problemas da vida pessoal, familiar ou profissional dos indivíduos, as *giras* nas quais se incorporam, além dos orixás dos ritos jejes-nagôs, exus e pombagiras, também espíritos de pretos-velhos e caboclos, boiadeiros ou ciganas, nas sete linhas características do culto.[68] Garantia-se assim uma nova respeitabilidade — branca, civilizada e nacionalista — a religiões até então desqualificadas como próprias de negros incultos, mas ao preço de uma transformação que resultaria na "morte branca do feiticeiro negro", como qualificou com propriedade esse processo um analista.[69]

Entretanto, sob essa nova roupagem umbandista, as religiões afro-brasileiras, ao lado do espiritismo kardecista, rapidamente ganham adeptos ao longo das décadas de 1940 e 50, embora ainda não se façam representar pelo próprio nome nas estatísticas dos censos oficiais, sendo a fé umbandista quase sempre escondida pelos próprios recenseados sob o rótulo genérico e bem mais legítimo de "espíritas" e, principalmente, ainda "católicos".[70] Mas é sobretudo na década de 1960 e em especial nos anos 1970 que a umbanda passará a granjear um crescente número de adeptos, superando o espiritismo kardecista em número declarado de fiéis e passando a inquietar também a Igreja católica, que então já sofria uma significativa concorrência por parte do protestantismo de conversão das novas igrejas pentecostais em expansão no período. Não por acaso, talvez, os censos passarão, a partir de 1964, a distinguir, no interior do "espiritismo", os kardecistas dos umbandistas, possivelmente pela legitimidade de que sempre gozou o espiritismo, por sua filiação positivista, junto aos círculos militares, assim como em razão do exacerbado nacionalismo anticomunista dos novos governantes que se apossam do poder nessa época. O que é certo, porém, é que, no espaço deixado em aberto pela disputa que separava os governos militares dos setores da Igreja católica já então em franca oposição ao regime, nunca cresceu tanto como nos anos 1970 o número de centros de umbanda e de federações umbandistas, que agora já não necessitariam requisitar da polícia autorização para o seu funcionamento mas seriam devidamente registrados em cartório por todo o país.

Já se associou, e com razão,[71] a gradativa legitimação das religiões afro-brasileiras, e em especial os sucessivos surtos de expansão da clientela da umbanda, ao processo de modernização que progressivamente toma conta da sociedade brasileira a partir da década de 1930 e se acentua nos anos 1950 e 60, com a crescente expansão da industrialização e urbanização servindo como forte polo de atração para a migração interna, num processo que a consolidação do novo modelo econômico trazido com a era dos governos militares viria a ampliar ainda mais nos anos 1970. Assim, marcados por transformações sociais significativas, que se acentuam a cada década como um divisor de águas qualitativo em um processo contínuo, esses anos assinalam os períodos em que tais religiões conhecem um maior índice de crescimento. Não por acaso, também as igrejas pentecostais e os centros espíritas kardecistas passam então por um processo de expansão análogo ao dos centros de umbanda.[72] Ao mesmo tempo que a Igreja católica acabaria por voltar-se progressivamente para a esfera pública, demonstrando um engajamento social e político cada vez maior, aumentaria também a procura por essas religiões de intimidade e intervenção mágica no mundo como forma de poder.

Por outro lado, o *candomblé*, cuja presença numa cidade como o Rio de Janeiro já se evidencia desde o início do século XX,[73] registrando-se também, ao modo oblíquo do tempo, os intercâmbios constantes que as comunidades negras locais mantêm com centros como Salvador e Recife,[74] só na década de 1960 chegaria à metrópole paulistana. As condições socioeconômicas e culturais do período — o processo de metropolização da cidade que se acentua, o aumento da solidão do indivíduo num mundo cada vez mais sem referências fixas, a ausência de respostas institucionais, laicas e religiosas, às suas aflições, a influência da contracultura que se faz sentir em escala planetária, levando à busca, em culturas distantes e exóticas, de novos modelos de sociabilidade, novos sistemas de valores e uma nova espiritualidade, num mundo que começa a registrar sintomas de crise profunda — já foram invocadas como responsáveis pela atenção que passam a despertar entre as classes médias urbanas os cultos afro-brasileiros. Longe do estilo mais ascético da umbanda, essas religiões representariam assim a versão doméstica de um "exótico" que já não se necessita buscar nos modelos indianos da contracultura hippie. Intelectuais e artistas do eixo Rio—São Paulo se encarregariam de tornar conhecidas por todo o Brasil as referências aos candomblés da Bahia, ao mesmo tempo que, nos próprios meios religiosos afro-brasileiros, se iniciaria o movimento de "retorno às origens", invertendo o processo de legitimação que levara os candomblés a se diluir na versão mais *soft* da umbanda — agora, são os centros de umbanda que se "reconvertem" em terreiros de candomblé, tendo como modelo "puro" de religiosidade afro-brasileira a versão dos terreiros nagô da Bahia.[75] Só mais tarde os próprios baianos — suas elites intelectuais e políticas — reinventarão por inteiro a "Bahia negra", incorporando o candomblé ao patrimônio afro-brasileiro que se "resgata", junto com os afoxés carnavalescos, o Olodum e a axé music.[76]

Contudo, ao lado dos motivos de ordem social mais ampla, é preciso refletir também sobre as razões estruturais, inerentes às próprias religiões afro-brasileiras, que levam à sua legitimação crescente e sua aceitação cada vez mais ampla, inclusive por parte de elites que durante séculos só tinham visto nelas prova do atraso brasileiro e motivo de inquietação quanto à viabilidade de uma sociedade plenamente civilizada entre nós. Ao contrário da umbanda, que desde a sua criação se organizou segundo um modelo burocrático de funções que, para além da autoridade religiosa, ou sobrepondo-se à sua hierarquia, articulam sacerdotes e fiéis em instituições de direito civil agregadas em federações, a organização dos terreiros de candomblés, por razões históricas e mesmo de ordem cosmológica,[77] sempre obedeceu a um modelo inteiramente centrado na ordem do privado. Religiões de possessão essencialmente baseadas no culto dos ancestrais, elas sempre foram centradas nas estruturas de parentesco, voltando-se para a interioridade do indivíduo para mostrar seus vínculos com uma ordem cósmica de que ele participa como herdeiro e artífice.[78] Se entre os povos banto a religião se fundava numa cosmologia que fazia da encruzilhada, local por excelência de culto aos ancestrais e práticas iniciáticas, o ponto focal de contato entre o mundo dos homens e o outro mundo,[79] em nações africanas de origem jeje-nagô, o culto dos orixás teve em suas origens ancestrais divinizados, criando assim cultos dinásticos de cunho regional,[80] sem a abrangência generalizante que o panteão recriado no Brasil viria a conhecer. Assim, enquanto o apelo comunitário dessas religiões encontra seu fundamento em divindades hereditárias de famílias ou clãs, que ampliam seus atributos para se acomodarem ao convívio com deuses de tradições religiosas de distintos grupos étnicos, a própria organização interna dos terreiros reflete uma transformação simétrica e inversa àquela que se produz no mundo de *inquices, orixás* e *voduns*, fundando-se na reconstituição, no plano ritual, de uma ordem de parentesco mítica à qual os indivíduos se integram por meio da iniciação, passando a pertencer a partir de então a uma família de santo.[81]

Tudo isso reflete o complexo processo de reelaboração pelo qual passaram as religiões afro-brasileiras sob as condições da escravidão que, pela repressão mesma a que deram lugar, as ajudaram a manter-se encerradas na ordem do privado, fechadas sobre si mesmas, acentuando as características do segredo dessas religiões iniciáticas e a estrutura comunitária das práticas mediante as quais os indivíduos se religam à totalidade do cosmos nos ritos de iniciação, nas formas de culto ou nas práticas mágico-rituais que os sustentam no plano cósmico diante das vicissitudes da vida cotidiana. Mesmo a versão mais sincrética dessas crenças, a umbanda, apesar de sua organização institucional burocrática, nem por isso se voltará menos para as necessidades materiais e morais do indivíduo, nas agruras do sofrimento, da doença ou da pobreza, num movimento paralelo ao que é desenvolvido pelas igrejas pentecostais na mesma época, em face de um catolicismo cada vez mais voltado para a vida pública. Em tempos de transformação social, vividos como crise de civilização, é esse sentido de pertencimento comunitário, envolvendo na intimidade doméstica de uma família as figuras do sagrado, o que as elites intelectuais iriam reencontrar nos terreiros, como, antes deles, os migrantes rurais haviam ido buscá-lo nas religiões evangélicas.

Compreende-se assim que, diante da expansão do mercado dos bens de salvação, a Igreja católica, apostólica e romana passe progressivamente a ver ameaçada sua hegemonia no interior do campo religioso brasileiro. É preciso dizer, todavia, que não basta entender a dinâmica do mercado dos bens de salvação e a oscilação entre o polo público e o privado da ênfase eclesial, doutrinária ou litúrgica das principais confissões que integram o campo religioso brasileiro, que esse breve esboço de evolução histórica desde a década de 1930 procurou resumir. O panorama atual do campo religioso no Brasil sem dúvida guarda as marcas da profunda transformação por que passou em pouco mais de meio século, e a lógica do mercado certamente impulsiona a diversificação da oferta dos bens de salvação a que têm acesso, de modo cada vez mais privatizado, indivíduos que hoje vivem mais de perto a crise das instituições e os dramas da fragmentação da experiência do mundo característicos das sociedades contemporâneas que já vêm sendo chamadas de pós-modernas. Entretanto, isso não é tudo. É preciso avaliar também o *espírito* que preside a essas transformações, entender o etos e a visão de mundo diferenciais que cada religião procura tornar congruentes ao seu modo específico[82] e que se desfazem e refazem, ou se esboçam e consolidam, ao longo desse processo, sob pena de se reduzir o significado da religião a epifenômeno do social, e assim avaliar mal o impacto das diferentes religiosidades que se confrontam no campo religioso contemporâneo no Brasil, da perspectiva da vida privada.

O ETOS CATÓLICO E AS RELIGIÕES NO BRASIL

Os estudiosos das religiões sempre reconheceram, no Brasil, desde os tempos coloniais, a curiosa mistura por meio da qual uma Igreja católica plenamente atuante na vida pública graças ao seu vínculo com o Estado, capaz portanto de promover a legitimidade do poder ou gerenciar a economia moral da propriedade privada, ainda que esta se referisse a outro ser humano, o escravo,[83] foi igualmente capaz de acomodar-se ao etos da sociedade em que se inseria[84] e assim incorporar sistemas de crenças particularistas e locais, adaptar-se a devoções de cunho privado e mesmo incentivá-las, como no caso das confrarias e irmandades,[85] ou criar práticas religiosas e devocionais de marcada característica intimista, como a que se traduz, por exemplo, nos *ex-votos* populares encontrados por toda parte no país. Como assinala Moura Castro[86] a propósito das tábuas votivas do século XVIII em Minas, uma vez que vinham já prontos de Portugal os retratos oficiais de reis e autoridades, e não se tendo desenvolvido nas Gerais durante o ciclo do ouro uma classe de poderosos locais suficientemente estável para fazer-se perpetuar na tela dos pintores, ficou a cargo das pinturas de fatura rústica, dedicadas como ex-votos ao Cristo, à Virgem e aos santos, a responsabilidade de nos transmitir uma imagem da vida privada do tempo, refletida nas situações em que a religião é chamada a intervir, e que revela, em suas formas despretensiosas e às vezes pitorescas, os vestuários, os ambientes ou os hábitos daquela época.

Pintado geralmente em madeira de cedro, o ex-voto com frequência "mostra um aposento em que o ofertante se encontra acamado, quase sempre usando uma touca. O leito é reproduzido com riqueza de detalhes: lençóis alvos e rendados, mesmo quando o milagrado é de condição humilde, travesseiros roliços e muitas vezes um dossel, quase sempre vermelho, para proteger dos maus ares e talvez dos maus espíritos. O cortinado se arregaça para permitir que se veja a cabeceira da cama rústica. Nota-se a falta de cadeiras, nesse tempo ainda raras e privilégio das autoridades. Nos exemplares mais eruditos, elas às vezes aparecem, assim como outros móveis e algum detalhe arquitetônico. O santo protetor flutua envolto em nuvens convencionais, no plano superior ou a um canto do quadro. Uma faixa inferior é reservada ao texto que descreve de maneira sumária o ocorrido e costuma mencionar o nome do ofertante e a data em que ocorreu o milagre".[87] E a lista dos eventos miraculosos é extensíssima. O mais frequente é sem dúvida a cura de doenças de variada sorte, tal a que se registra como "M. M. q ffez S. S. Anna, ahũ preto Luis escravo de Luiz Pra. que quebrando hũa perna pella Coixa e sendo Emcanada 3 vezes, sem denehuma soldar lhe abrio o Syrorgião a perna e serrando-lhes as pontas dos ossos por entercessão da milagrosa S. se vio Sam em 20 8tembro de 1732".[88] Mas há de tudo, como motivo de agradecimento, entre os milagres: enfermidades que vão de *istupor* a picada de cobra e gangrena, tentativa de assalto, nada incomum nos perigosos caminhos do ouro de então, e de que saiu ileso o atacado, risco de encalhe de um negreiro vindo de Angola com sua preciosa carga e que por intercessão de Santana pôde chegar a salvo ao porto, ou até mesmo as penas do amor, como se descobre em um ex-voto, não pintado mas escrito em forma de mandala, no qual se expressa um curioso contrato entre o eterno e o homem sofredor: "Devo q pagarei ameo gloriozo Padre Santo Antonio a qtia de 40 $ pa= minha mulher arependase de tudo q me tem feito o q for de mal pa= ella fique dezatinada pa. vir embora se este grande santo assim fizer obrigo a pagar adita qtia e qdo não pague obrigo meos bens presente e futuro pa. clareza paso esta q me assino Paciencia 19 de Fever 89 Gil — Ferreira da Silva".[89]

Essa presença constante do sagrado, inextricavelmente imbricada com as comezinhas mazelas cotidianas da vida humana, mostra o quanto o catolicismo colonial brasileiro é, antes de tudo, impregnado de magia, uma religião íntima e próxima que tem nos santos benévolos intercessores dos homens junto à divindade. E que dos santos se possa esperar com confiante e inocente certeza o milagre sempre possível, numa infinita variedade de situações do dia a dia, é o que registra um curioso sermão de Vieira sobre as múltiplas invocações de santo Antônio:

> Se vos adoece filho: Santo Antônio;
> se vos foge um escravo: Santo Antônio;
> se mandais a encomenda: Santo Antônio;
> se esperais o retorno: Santo Antônio;
> se requereis o despacho: Santo Antônio;
> se aguardais a sentença: Santo Antônio;
> se perdeis a menor miudeza da casa: Santo Antônio;
> e, talvez, se quereis os bens alheios: Santo Antônio![90]

Mais ainda, os santos eles próprios são figuras próximas, que se misturam com tranquila familiaridade à intimidade da casa e aos afazeres domésticos cotidianos, como indica um bendito ainda hoje cantado na região do São Francisco:

> *Santa Madalena*
> *escreveu a Jesus Cristo.*
> *O portador que levou*
> *foi o Padre São Francisco.*

> *Lá vem Santa Catarina,*
> *com seu favinho de mel.*
> *Veio fazer a papinha*
> *para Divino Manuel.*[91]

Mas esse catolicismo, cujo etos barroco aqui se reinventa, na distância da metrópole, a organização corporativa dos ofícios ou das devoções e a lassidão que a natureza dos trópicos e o convívio com índios e negros escravos propiciam, é também o que escande no plano do sagrado a vida pública por meio da festa, forma imprescindível de legitimação do poder e de incorporação desses diferentes estoques étnicos e culturais que aqui se confrontam e aos poucos se fundem, num Brasil em formação. A heresia não é apenas a referência mítica dos primeiros tempos do cristianismo em luta contra os pagãos sob o Império romano, nem a lembrança histórica dos tempos heroicos de reconquista da Europa cristã ao domínio do mouro, mas o amargo pão cotidiano com que a duras penas se alimenta a fé nas ordens religiosas, dos jesuítas primeiro, logo dos beneditinos, franciscanos, carmelitas e mercedários, confrontados com a inconstância da alma dos selvagens da terra[92] e, depois, com a "boçalidade" dos negros trazidos da costa africana, aparentemente incapazes, como os indígenas, de entender os mistérios da fé cristã. Assim, o espírito da Contrarreforma logo se encarregará de recriar aqui, com outros meios e em outras bases, o fausto europeu da "sociedade do espetáculo" e o etos barroco de sua cultura, pondo a arte a serviço da fé.[93] Desde os primeiros tempos jesuíticos, o teatro, a música, o canto, a dança e a poesia haviam se integrado ao arsenal catequético, evidenciando que era preciso aturdir as almas simples para conquistá-las e elevá-las por meio da imaginação e dos sentidos à grandeza inefável do sagrado. Mais tarde, a forma de construção dos templos, a profusão decorativa de suas talhas, a perfeição do entalhe e da encarnação dos santos, o esplendor do ouro que reluz em seus ornamentos e se alia à prata para dar aos objetos litúrgicos uma luz própria, a música, o canto e a oratória do sermão se encarregarão de produzir essa atmosfera mágica em que as verdades da fé impregnam a alma pelos cinco sentidos, em meio à névoa perfumada do incenso.

"A arte barroca tem que ser vista com os olhos da alma. Tudo o que nela se manifesta aponta para o invisível, o impalpável, o imponderável. Nada nela é estável. Sua lógica é dinâmica, interpolada. A arquitetura monumental das igrejas altera as percepções convencionais de espaço, luz e sombra e manipula a orientação urbana monopolizando os relevos, controlando as perspectivas e presidindo as praças. As imagens nos templos se movem, assumindo seu misterioso esplendor, quando conduzidas nos palanquins das procissões. É nas festas e celebrações, portanto, que o Barroco realiza plenamente sua magia aglutinadora. Então toda a cidade se move."[94] Como um condensado cultural, evento em que "um ideal moral, religioso e poético ganha expressão estética, entre a vida comum e a arte",[95] a festa barroca pode assim ser lida como um *texto* no qual a sociedade fala sobre si mesma por meio da ritualização dos valores que impregnam em profundidade o cotidiano de seus membros,[96] tornando-se, portanto, índice privilegiado de mentalidade.[97]

Na verdade, desde os tempos coloniais, o catolicismo brasileiro traz a marca desse etos festivo. Nele, tudo dá lugar à celebração. Firmemente entranhadas na sensibilidade dos primeiros colonizadores, as devoções tradicionais do Reino desembarcam no Brasil já com os jesuítas e logo se transplantam para as celebrações nos aldeamentos indígenas, para depois ganhar os povoados, vilarejos e vilas que aos poucos irão se estendendo pelas capitanias, de norte a sul. O anjo Custódio, protetor do Reino, são Jorge guerreiro, cuja imagem a cavalo é acompanhada por guarnições militares nas procissões, são Sebastião que nos defende contra a peste, a fome e a guerra, o santo Antônio das mil invocações de Vieira, são exemplos dessas devoções.[98] Ao lado delas, são Miguel Arcanjo, indissociável da devoção às Almas, já que lhes rege o destino, decidindo, à inclinação de sua balança, em que se contrapõem o peso das virtudes e o dos pecados, o caminho de glória ou de purgação a ser dado ao homem após sua morte. Não por acaso, essa é uma devoção que cresce no ciclo do ouro, tempo de ganância, cobiça e dos muitos crimes que se praticam em seu nome, e no qual a salvação do pecador é muitas vezes barganhada ao peso do ouro do pecado, em troca das missas perpétuas que a Irmandade de São Miguel e Almas se compromete a mandar rezar pelo espírito desgarrado. O Senhor do Bonfim e Nossa Senhora da Boa Morte são também invocados, com o mesmo fervor e idêntica finalidade.

No entanto, as celebrações maiores são as que se desdobram ao longo do calendário litúrgico, a festa de Reis, quando por tradição se coroa um rei negro e de que o Rei de Congo se tornaria o exemplo mais característico, a Semana Santa, com sua liturgia solene e suas procissões, entre a dor da morte do Cristo e o júbilo de sua ressurreição, e sobretudo Corpus Christi, a soleníssima celebração da transubstanciação do Corpo de Deus, dando lugar ao cortejo que se desenrola por ruas esparzidas com ervas odoríficas e cuja passagem é saudada pelo povo das janelas recobertas por finos damascos e brocados. Logo será a festa do Divino Espírito Santo, celebração da abundância bem mais próxima de antigas tradições pagãs e que o cristianismo integra ao calendário litúrgico para neutralizar o poder de permanência da crença herética, como faz também com as celebrações do solstício de verão e das colheitas, com seus ritos mágicos, entre fogueiras e fogos de artifício, convertidas em festas em louvor a santo Antônio, são João e são Pedro, ou o solstício de inverno, com o qual faz coincidir a comemoração do Natal, com seu cortejo de folguedos.[99] Junto com estes, celebram-se com grandes festividades também os santos padroeiros, entronizados ao sabor do calendário de descobertas ou fixação da gente cristã no imenso território, bem como os santos patronos, encarregados de velar pelos membros das distintas corporações de ofícios, mecânicos e liberais, e logo também pelas associações leigas que se integram à Igreja nas confrarias, irmandades e ordens terceiras. Estas se distinguem segundo a categoria social dos que delas fazem parte e sua condição étnica, que separa brancos, negros e pardos, colocados aqueles sob a proteção do Santíssimo Sacramento, são Francisco ou as diversas invocações da Virgem, enquanto estes se agrupam sob a invocação de são Benedito, santa Ifigênia, santo Elesbão, a Senhora do Rosário, ou então, para os pardos, são José, o Senhor da Cruz ou são Gonçalo.[100] Contudo, quer delas façam parte homens brancos, negros ou pardos, as confrarias, irmandades e ordens terceiras compartilham um mesmo empenho: fazer construir e ornar suas igrejas com a máxima riqueza e reunir o melhor de seus recursos para o lustre de suas festas. É esse código partilhado do prestígio e da fé que transforma a competição em que todas elas se engajam, na execução da tarefa comum, em motivo de um extraordinário surto de criação, que faria multiplicar o esplendor da arte barroca por todo o território conquistado à brenha da selva pelos paulistas até o século XVIII.[101]

Entretanto, num outro registro, a sociedade colonial brasileira vive com intenso esplendor também um outro tipo de festividades, que chamaríamos civis, ou, talvez, cívicas, e cuja celebração, compulsória — assim como a de algumas festas religiosas consideradas oficiais, como o anjo Custódio, Corpus Christi ou os santos padroeiros —, tem lugar nas vilas de todas as províncias, por ordem do Senado da Câmara. Associadas aos ritos mundanos do poder temporal, a elas dão ensejo eventos significativos que envolvem a família real e a monarquia, do casamento de um príncipe ao nascimento de um herdeiro da Coroa, da morte de um monarca à aclamação do seu sucessor, passando também pela celebração das vitórias do reino sobre os inimigos, mouros a princípio, e logo espanhóis, nas guerras da Reconquista. E ainda na mesma chave se registram os festejos em ação de graças por ver-se livre a nação dos mais diversos perigos — a doença do rei ou a seca, a fome e a peste em meio ao povo, bem como os crimes políticos e a sedição, como ainda se veria no Brasil em 1792, por ocasião do julgamento dos inconfidentes e a execução de Tiradentes, celebrados no Rio de Janeiro e nas principais vilas de Minas com te-déum e encenações de teatro em praça pública, ou sessões literárias no Senado da Câmara, como demonstração de júbilo por se acharem seus habitantes "livres do contágio" do projeto sedicioso.[102]

Festa no Outeiro da Penha, Rio de Janeiro, outubro de 1959. Tradicional festa carioca em que, junto com os cultos católicos, praticavam-se a capoeira, o batuque e o samba. Lá foram lançadas muitas músicas de sucesso do Carnaval carioca.

Nem espanta que um tão amplo rol de celebrações se incluísse entre as festas civis. Na concepção política do tempo, sustentada por uma cosmologia arcaica, que ordena em um mesmo eixo de homologias o espiritual e o temporal, a ordem sobrenatural, a natureza e a ordem social, não há, exceto pela humana falha no uso do arbítrio, distância entre a vontade divina e o funcionamento do corpo político, um "homem artificial" que tem como cabeça o monarca, no dizer de Thomas Hobbes, sendo a hierarquia social e de poder parte de uma ordem natural. Há muito o estudo das sociedades ditas "primitivas" nos ensinou a compreender o fundamento sagrado dessas formas de poder que suspendem a uma ordem cósmica os mínimos atos do seu exercício, e que fazem da política teatro e espetáculo, envolvendo em tabus e ritualizando ao extremo tudo o que cerca o governante ou lhe diz respeito, sob pena de ver desencadear-se uma série irrefreável de calamidades.[103] Também no Ocidente, desde os tempos medievais, se aprendera nas celebrações de Corpus Christi o valor da exibição simbólica espetacular dos mistérios da fé nas procissões e nas festas, fórmula que não só serviu de modelo à sacralização do poder real nos albores do absolutismo, graças à teoria dos "Dois Corpos do Rei",[104] como também inspirou à realeza a compreensão do valor das entradas festivas ou do uso espetacular das insígnias — efígies, estandartes, bandeiras — tão cruciais em períodos de liminaridade, e que permitiria à monarquia triunfante aprender a proclamar, em ocasiões como o passamento de um monarca: "Le Roi est mort! Vive le Roi!".

Assim se compreende que, nas celebrações a que dá lugar esse tipo de religiosidade, não se possam distinguir com precisão as fronteiras entre o sagrado e o profano, o fervor íntimo da devoção e a mais pura expansão da alegria festiva. Quer se trate de uma celebração devota, quer de um casamento real, o programa festivo extenso, às vezes se prolongando por todo um mês, é sempre o mesmo.[105] A festa se anuncia por meio de pregão, afixado em lugares públicos e depois feito de viva voz por personagens de fantasia, "máscaras", ricamente trajados, às vezes a cavalo, e que assombram ou divertem a todos, pela gravidade da compostura ou as brincadeiras que fazem pelas ruas, sejam eles ligados a uma irmandade religiosa ou ao Senado da Câmara. Depois, atendendo ao costume devoto ou à injunção do poder, serão providenciadas "luminárias" por várias noites consecutivas, que, numa atmosfera de *ensueño*,[106] "dilatar(ão) o império do dia sobre as trevas da noite", como escreve o narrador do *Triunfo eucharistico* em 1734.[107] Missas, te-déum e procissões estarão invariavelmente no centro das celebrações, sendo o cortejo mais ou menos solene ou espetacular segundo a ocasião, e comportando as maiores festas, quase sempre, música, cantos e danças, às vezes mesmo declamações poéticas, em meio aos andores e carros alegóricos graças aos quais a procissão constrói em linguagem estética uma *narrativa* sobre as verdades da fé, a honra dos dignitários de Deus e a grandeza dos homens. Por isso, a posição que cada um ocupa no cortejo é sempre motivo de disputas, já que nele literalmente se exibe a ordem social que ganha forma visível, permitindo ler através desses lugares a hierarquia de prestígio e poder na sociedade.[108] Haverá também um espetáculo de fogos de artifício, e logo, na parte mais "profana" da celebração, apresentações de teatro, de "comédias" ou "óperas", "espetáculo de touros" ou "cavalhadas", tudo se concluindo às vezes com banquetes que oferecem uns aos outros as autoridades de governo ou eclesiásticas e os poderosos locais, acompanhados de "serenatas" noturnas.[109]

O que importa assinalar com relação a esse etos festivo do catolicismo colonial é que ele evidencia que a religião, graças à cosmologia arcaica em que se inscreve, constitui a *mediação essencial* entre o público e o privado. As celebrações da vida privada dos grandes da terra, sacralizadas, adquirem imediatamente significação pública, política. Conversamente, a organização privada da devoção, na irmandade religiosa ou por intermédio da corporação de ofício, ganha uma projeção pública nos eventos festivos, religiosos ou civis, sendo espaço de exibição de riqueza e de disputa de prestígio e poder na vida social. Por outro lado, nenhum país vive impunemente sob o império da união do poder espiritual e temporal, de Igreja e Estado, por quatro séculos, sem que isso deixe na sociedade e na cultura marcas indeléveis. Na longa duração da história, uma astúcia opera, que dá continuidade profunda a estruturas de significação nas quais se inscreve a marca da religião nas fronteiras entre o público e o privado, para além, ou aquém, das vicissitudes das instituições que as moldaram originalmente, e talvez, inclusive, da inexorável lógica do "mercado dos bens de salvação".

O que é extraordinário nesse catolicismo barroco que embebe a sociedade e a cultura brasileiras em sua formação é o quanto ele é capaz de permanecer como modelo hegemônico de cultura e princípio de legitimação da ordem social, para além do tempo da história europeia em que se convencionou fixar a vigência do barroco como estilo de arte e visão de mundo. Em pleno século XIX, arcos de triunfo, como aqueles construídos para as procissões de Corpus Christi, continuam a enfeitar as ruas do Rio de Janeiro por ocasião de solenidades presididas por d. João VI, rememoração, ainda, das "entradas festivas" com que o espetáculo do sagrado, do poder de Deus ou da realeza, costumava aturdir as almas simples para convencê-las das verdades da fé ou da legitimidade da hierarquia das posições sociais neste mundo. Seria preciso esperar pelos novos ventos da modernidade, que trazem consigo o projeto de independência política e outro modelo de cultura para as elites, com a Missão Artística francesa que chega ao Brasil em 1818, para que aos poucos se desarticulasse esse complexo cultural que se condensa na festa e que se desagrega junto com as formas materiais que lhe dão sustentação, com o fim da organização corporativa dos ofícios e a decadência das irmandades, em face da ofensiva de romanização do catolicismo já então em curso. Entretanto, ainda ao longo de todo o Império, mesmo — e talvez sobretudo — durante o Segundo Reinado, sob o governo do monarca ilustrado d. Pedro II, se manteria a tradição das celebrações festivas da realeza, e o baile da Ilha Fiscal encontraria, nas ruas, a contrapartida das congadas dançadas pelos negros, autorizados a festejar com o rei o fausto e o esplendor daquele que seria o último ato da monarquia.[110]

Na realidade, as marcas do catolicismo barroco que assim se deixavam ainda entrever, afirmando sua permanência, evidenciavam que ele fora capaz de sobreviver precisamente por sua capacidade de soldar num mesmo todo o alto e o baixo, as elites e a grossa massa do povo, tendo por mediação fundamental essa forma por excelência sensível, sensual, essencialmente estética, de transmissão de um etos e de uma visão de mundo representada pela festa. Graças a ela fora possível unir numa mesma totalidade de sentido de pertencimento o colonizador e o colonizado, o europeu, o indígena e o africano, o senhor e o escravo, com todas as ambivalências e ressignificações que esse processo comporta, porque a festa, nesse catolicismo, sempre se recusara a separar o sagrado e o profano, a forma erudita da cultura e sua difusão de massa, o local e o universal, o público e o privado. Só aos poucos, no final do século, essas associações, que causavam espanto e horror aos viajantes,[111] passariam a ser vistas com estranheza também pelas elites locais e, escasseando cada vez mais os eventos festivos que permitiam reunir num mesmo todo aquela variegada multiplicidade de elementos, estes permaneceriam, *disjecta membra*, fragmentários e no entanto disponíveis, prontos a se agregar a outras celebrações, na inevitável transformação que lhes impõem a dinâmica da cultura e o processo de mudança social que, desde o fim do Império e através da República, seguiriam se acentuando de forma contínua. Assim, abandonada pelas elites e pelo poder eclesiástico, a antiga glória da festa iria permanecer como memória ou forma viva apenas entre os segmentos populares — estes mesmos a quem, no mundo colonial, se destinava a pedagogia da festa —, entre os quais desaprenderíamos, contudo, a entender a forma da *cultura*, para não ver mais que a contrafação degradada do *folclore*.

Essas são, no entanto, as bases do catolicismo popular, que viria a ser chamado de "tradicional",[112] e que se expressa nas folias de Reis ou do Divino, na celebração do antigo poder de são Sebastião ainda invocado contra a peste, a fome e a guerra que continuam a perseguir como ameaça constante a existência dos pobres, nas festas dos santos padroeiros, nas comemorações juninas, nos pastoris e bumba meu boi dos autos de Natal.[113] São suas marcas que se veem nesses maracatus que, tal como o cortejo processional que o desfile das escolas de samba recria, se deslocam agora, inteiramente "profanos" — todavia, será mesmo assim? —, para o Carnaval,[114] bem como nessas congadas e moçambiques que ainda celebram são Benedito, a Senhora do Rosário e a Aparecida, nessas devoções de maio, mês de Maria, quando comunidades negras ainda coroam seus reis de Congo,[115] nessas ladainhas em latim que os velhos rezadores ainda são capazes de recitar, nessas procissões e romarias a santuários que se espalham do Bom Jesus da Lapa e dos Perdões ao de Pirapora,[116] e que continuarão, em pleno século XXI, ao Juazeiro do Padre Cícero.

Romaria a Juazeiro. De um lado, a agigantada figura de Padre Cícero; de outro, o diminuto devoto que subindo os botões do monumento paga a sua promessa.

É para esse catolicismo do devocionário popular, no entanto, que a Igreja, sob o império da romanização, volta decididamente as costas. Considerado forma de exteriorização "vazia" da fé, expressão da ignorância do povo ou obra de perversão e maldade, a ele o clero livra um combate sem tréguas ao longo das décadas de 1930 e 40. Ouçamos o que dizem a seu respeito os senhores bispos, cardeais e arcebispos. Sobre as procissões: "De mais a mais é necessário que se compreenda que a religião não consiste em passeatas, que chamam de procissões, acompanhadas de ruidoso foguetório e de luzes artificiais. É preciso que se saiba que é uma acerba ironia e uma sacrílega irrisão querer coroar uma festa religiosa com baile e outros divertimentos profanos e perigosos, onde o homenageado é sempre e somente o demônio [...] Uma religião que apenas se reduz a exterioridades e aparências, que só alimenta os sentidos sem penetrar a alma, não é senão fariseísmo redivivo, verberado tão severamente por Jesus, nosso Rei".[117] Mesmo em 1949, no projeto para o I Sínodo da Arquidiocese de São Sebastião do Rio de Janeiro, o cardeal Câmara prosseguiria no mesmo tom:

> Toleramos nas procissões as bandas de música, contanto que só toquem de quando em quando, permitindo assim ao clero e ao povo cantar ou rezar orações adequadas.
>
> Velem os responsáveis pelas procissões para que as peças tocadas por bandas obedeçam às determinações da Comissão de Música Sacra, cujos membros poderão, inclusive, fornecer repertório adequado.
>
> Renovamos a proibição de desfilarem nas procissões meninos e meninas, imitando determinados santos e santas, tolerando-se apenas os chamados "anjos" desde que se trate de crianças menores de 12 anos, estejam convenientemente vestidas e convenientemente preparadas para servir de edificação dos fiéis.
>
> Confiamos aos párocos e reitores de Igrejas, mediante avisos oportunos, cientificar os fiéis dessas nossas determinações,

levando-os a mudar para tornar mais esclarecido o testemunho de sua devoção e de suas promessas.[118]

A adequação, a conveniência, a moderação e o recato, tão ao gosto da sociedade burguesa ao qual, com seu espírito elitista de então, se amolda a Igreja católica, só poderiam mesmo levar sua hierarquia a ver com horror e assim procurar enquadrar as manifestações do catolicismo popular, tão diametralmente opostas aos desígnios da romanização. A modéstia das roupas e dos modos, o controle da moralidade, principalmente da liberalidade sexual, eram considerados essenciais para a expressão da verdadeira fé, assim como para o controle da perturbação da ordem à qual inevitavelmente conduziria qualquer excesso nesse sentido. Assim, ao término da V Conferência Episcopal realizada em Luz em 1941, a pastoral coletiva do episcopado da província eclesiástica de Belo Horizonte declararia:

> Quanto à celebração do mês de Maria, está inteiramente em vigor a nossa resolução nº 21, das conferências de Juiz de Fora, a saber: determinamos que na celebração do mês de Maria atenda-se mais à piedade que às pompas exteriores, eliminando-se as ornamentações mundanas e as iluminações perigosas, e devendo a coroação de Nossa Senhora ser feita apenas aos domingos, dias santos, e no encerramento, por meninas que não tenham mais de sete anos [...]
>
> Haja porém todo o cuidado em evitar os exageros e tudo o que poderia causar má impressão e prejudicar a santidade de que se deve revestir o culto religioso. Assim, por exemplo, devem ser evitados os atos muito demorados ou feitos com precipitação e sem aquela gravidade própria da casa de Deus. Deve ser evitada a multiplicação desnecessária de altares, imagens ou associações religiosas. Devem ser evitadas novas devoções não aprovadas, entre as quais a da visita domiciliar de Nossa Senhora ou outros santos, assim como a admissão de adultos

ao ato da consagração à Nossa Senhora, com rito próprio de crianças, ou ainda, na consagração das crianças, o uso do padrinho, com oferta de esmolas ou de velas.[119]

Mas o principal inimigo da hierarquia católica seria mesmo a *folia* dos santos, uma das formas mais antigas de devoção popular, reminiscência da atuação das irmandades e do espírito festivo do catolicismo barroco evidenciada nesses grupos devotos que saíam em cantoria de porta em porta levando o estandarte do santo e cuja presença nas casas dos fiéis era considerada uma verdadeira bênção. Destinavam-se a angariar esmolas para a festa, que deveriam custear as bandas de música, os foguetes, as danças e as abundantes refeições servidas a todos os presentes, em franco desacordo com os propósitos da Igreja, que desejaria ver esse dinheiro mais bem empregado servindo à compra de material do culto, reforma dos templos, sustento do clero e das vocações sacerdotais. Assim, ainda na década de 1920, em conferência realizada em Montes Claros com seus bispos sufragâneos, o arcebispo de Diamantina determinaria: "Continuem os sacerdotes no trabalho de supressão do maldito passatempo de folias, a pretexto muitas vezes de honrar os santos, aos quais injuriam os falsos devotos com os muitos escândalos dados nessas ocasiões".[120] No mesmo sentido, quase duas décadas mais tarde, a V Conferência Episcopal dos bispos da província eclesiástica de Belo Horizonte continuaria a insistir, em 1941: "Nas festas religiosas, de acordo com o Concílio Plenário Brasileiro, proibimos jogos e danças, assim como os meios impróprios para obter recursos para as despesas, entre os quais os sorteios de dinheiro e o peditório pelas roças com bandeiras e cantorias (folias). Proibimos igualmente os esbanjamentos das esmolas dos fiéis em banquetes e bebidas, e determinamos que sempre haja prestação de contas por parte dos festeiros".[121]

Todo esse posicionamento do clero trai o olhar estrangeiro da hierarquia que, sob a política de romanização, ignora o catolicismo popular ou francamente abomina a indefinição de fronteiras entre o sagrado e o profano, o público e o privado, que se expressa no espírito festivo que lhe é próprio. Interessada em delimitar com rigor essas fronteiras, para melhor firmar o poder da hierarquia eclesiástica e, ao mesmo tempo, produzir uma interiorização intimista da fé, num âmbito privado e familiar de devoção, a servir de modelo inclusive para organizações sociais mais amplas, como os Círculos Operários, a Igreja católica faz eco, em seus diversos níveis de condenação, a um outro olhar mais antigo, estrangeiro voluntário este, que em inícios do século XIX, já em moldes burgueses, se "envergonha" de seu país e de sua cultura, diante de estrangeiros verdadeiros, ao testemunhar, em 1806, uma procissão de meninos penitentes, organizada pelos mulatos de Olinda "para edificar e mover a compunçaõ do povo de Recife, e turba ingleza, já alli estabelecida". Eis o que descreve o observador:

> Quase duzentos rapazes de nove e dezasseis annos com cabeça, e pés descalsos, mas vestidos de saccos, ou cassa branca, desfilavaõ em duas compassadas alas: em distancias medidas hiaõ no centro vinte, ou trinta figuras allegoricas, ou homens vestidos com os simbolos de todas as virtudes christans. Toda esta encamisada era precedida de Huma devota Crus, adeante da qual marchava um medonho espectro, figurando a morte, com arqueada e longa fouse na maõ esquerda e ferós matraca na direita. Sobressahia a toda esta penitente chusma um duendo, sob a forma do Demonio; ou hum Diabo em carne; o qual dançando continuamente o deshonestissimo — Lundum — com todas as mudanças da mais lubrica torpeza, acometia com — mingadas — a todos indistinctamente. Ora as graves e figuradas virtudes; ora os individuos penitentes; ora a glebe expectadora, ora as molheres, e innocentes donzellas nas rotulas de suas casas terreas; tudo sem exceiçaõ era acometido pelo tal Diabo. Por fim nas ruas mais solemnes, e deante das Gallarias mais povoadas de senhoras, aqui se desafiava com o espectro

da morte, e dançavaõ a competencia do qual mais torpe, mais lubrico, mais deshonesto se ostentaria nos seos detestaveis, e ignominiosos movimentos![122]

Assim, nessa religiosidade popular, as formas simbólicas que laboriosamente haviam sido introjetadas por culturas africanas e indígenas, permitindo que por meio delas se integrassem segmentos étnicos distintos à sociedade e à cultura brasileira em processo de formação, eram já — ou pareceriam ser — ininteligíveis a uma elite branca que não se reconhecia ou não queria reconhecer-se nessa imagem de si projetada pela devoção marcada pela inconfundível presença do negro. Com sua força integrativa, a festa traía uma perigosa zona de liminaridade, contraditoriamente perpassada pela negação e a atração, a fusão e a repulsa, a sedução e o horror, em cuja ambiguidade mesma as culturas afro-ameríndias haviam podido ao mesmo tempo transformar-se e resistir, integrar-se ao etos católico dominante e nele dissimular ou fundir outras visões de mundo, outros sistemas de crenças e práticas rituais. Era isso o que, agora, para o novo catolicismo romanizado e as "elites modernizadoras", se tornava preciso eliminar, definindo com precisão as fronteiras entre o sagrado e o profano, o público e o privado, para que a civilização triunfasse e a Igreja pudesse firmar em outras bases o poder da fé. Entretanto, este seria também o caminho para a progressiva perda de hegemonia do catolicismo e a abertura do mercado dos bens de salvação, com a emergência de outras religiões que disputariam com o catolicismo, *mas dentro de seus próprios referenciais*, a clientela popular por ele abandonada. Em outras palavras, talvez se possa dizer que é a partir das décadas de 1930 e 40 que o catolicismo progressivamente se protestantiza, enquanto o crescimento do protestantismo a partir da expansão das igrejas pentecostais entre os setores populares se dá ao preço de sua *catolização* ou sua progressiva incorporação ao universo da *macumbaria*, que ele todavia condena, com a veemência do horror.

De fato, ao se voltar, desde a década de 1930, para uma fé internalizada, inteiramente concentrada na dimensão individualista e familiar das práticas devocionais, ou ao insistir na formação da consciência e do caráter por meio da educação, o catolicismo se recusaria a reconhecer a dimensão coletiva da celebração pública e festiva da devoção popular, fundada no entanto em uma fé intimista e próxima, firmemente enraizada no cotidiano. Graças a ela, os pequenos altares com as imagens do Cristo, da Virgem e dos santos sempre foram uma presença constante em todos os lares, e que o catolicismo tradicional foi capaz de conservar, apesar do esforço de elitização da Igreja por parte de sua hierarquia. Depois, a partir da década de 1960, paradoxalmente ao abraçar a "opção preferencial pelos pobres", a Igreja, em seu esforço de modernização, ainda uma vez progressivamente se afastaria do povo, ao desritualizar suas práticas litúrgicas. Fazendo o sacerdote voltar-se de frente para o público dos fiéis, ela o faz de certo modo voltar as costas para o Cristo, a Virgem e os santos do altar, nos quais o catolicismo tradicional sempre vira os símbolos de sua fé. Abandonado o latim e os solenes responsórios do canto gregoriano, substituído o órgão pelo violão, e os cantos devotos que falavam de um Deus distante mas familiar e acolhedor, pronto a ouvir e consolar as aflições dos homens, pelas novas canções militantes que convocam cada um à luta para que o Reino de Deus se realize na história, no discurso profético da Teologia da Libertação, o catolicismo perderia a antiga magia da fé tradicional que lhe proporcionavam suas celebrações revestidas de pompa. Perderia, ainda, o encanto solene de sua liturgia, o esplendor de suas procissões e a alegria de suas festas que, cortando transversalmente a história, na longa duração, sempre foram os meios pelos quais as grandes massas do povo, bem ou mal, se cristianizaram, ou reinterpretaram a fé católica na lógica de outras cosmologias afro-ameríndias,[123] na zona de ambiguidade que o recurso às formas sensíveis e ao jogo da imaginação sempre lhes permitira realizar, no interior da religiosidade barroca do mundo colonial. É nesse movimento de procurar produzir de si a imagem de uma religião internalizada, na qual, com fundamento em uma análise racional e científica do mundo, se faz apelo à consciência do indivíduo, ainda que para engajá-lo na recriação dos rumos da história, que, pode-se pensar, o catolicismo se *protestantiza*.

Simetricamente, não seria difícil dizer que, num processo paralelo mas inverso, o protestantismo *se catoliciza*. Na década de 1950, a ênfase que as igrejas pentecostais "neoclássicas", ou do "pentecostalismo de conversão", dão a um compromisso individual com a fé, fundando uma ética de recusa do mundo como o império do mal e de controle estrito da moralidade, apenas realiza, com o rigor clássico do protestantismo, o sonho de conversão moral das consciências que a Igreja católica pregava aos seus fiéis nas décadas de 1930 e 40. As vestimentas características — terno escuro e gravata dos homens, saias compridas das mulheres — ou os hábitos peculiares com que geralmente se identificam os chamados "crentes", como os longos cabelos soltos ou atados em coque exibidos pelas mulheres, a Bíblia sempre carregada orgulhosamente na mão e a recusa de ter em casa aparelhos de televisão ou participar de festas em que o canto, a dança e a bebida podem incitar à depravação dos costumes, não estariam longe dos ideais de modéstia e decoro que, de maneira tipicamente burguesa, a Igreja católica exigia pouco antes — sem sucesso, porém — de seus fiéis, procurando afastá-los das devoções tradicionais do catolicismo popular, com seu séquito ambíguo de excessos na devoção e na celebração, que sempre podiam descambar para a temida "desordem".

Já nas décadas seguintes, porém, o protestantismo, sobretudo graças às igrejas neopentecostais, se aproximaria de outra forma do catolicismo e, de um modo geral, das religiosidades populares, pela pura e simples incorporação de algumas de suas práticas rituais, apenas algumas vezes invertendo o seu significado. Por exemplo, as grandes cerimônias de batismo por imersão, que tanta significação têm para a vida pessoal do convertido, realizadas coletivamente em ginásios de esporte, ao lado das concentrações de massa em estádios de futebol e praças abertas, ou a organização de grandes cortejos festivos para conduzir os fiéis a esses lugares, a exemplo do que tem feito a Igreja Universal do Reino de Deus, assim como o domínio do espaço pela presença de seus templos em lugares públicos de grande visibilidade, representam um investimento não habitual do protestantismo "clássico", que todavia aproxima esse "novo" protestantismo da antiga experiência do catolicismo tradicional na organização das grandes festas públicas de devoção. Mais ainda, a celebração de Pentecostes é claramente associada aos ritos tradicionais das festas do Espírito Santo quando, em uma celebração litúrgica da Igreja Universal realizada em um anfiteatro, uma imensa e larga tira de pano vermelho, como a bandeira do Divino, é estendida em todo o comprimento do templo por sobre a cabeça dos fiéis e, depois, permanecendo com uma ponta atada ao lugar central onde se desenvolve o culto, faz o contorno de todo o semicírculo, de maneira a cobrir sucessivamente todas as cabeças, antes de ser recortada em pequenos pedaços posteriormente entregues aos fiéis. Sem dúvida, há aqui uma clara reminiscência da bênção do Divino reverencialmente solicitada pelos fiéis católicos na cerimônia de beijar a sua bandeira, cobrindo com ela a cabeça por um instante para, em seguida, "trocar fitas" com o estandarte, retirando alguma já pendurada no topo do pendão, que uma enorme profusão colorida de finas tiras de pano já enfeita, e recolocando em seu lugar uma outra fita, que no ano seguinte poderá ser retirada da bandeira por outro fiel e guardada como relíquia, de efeito mágico-protetor, a ser usada depois em circunstâncias especiais de grande aflição, nas agruras cotidianas com que se defronta a existência humana.

Entretanto, é no plano da teologia que essas igrejas se aproximam de forma mais direta, embora nem sempre claramente visível, dos dogmas de outras tradições religiosas populares, e em primeiro lugar do catolicismo. De fato, o primeiro princípio doutrinário em que se fundamenta a prática religiosa das igrejas neopentecostais, independentemente de ser diferenciada sua liturgia, é a "teologia da prosperidade", segundo a qual todos os fiéis, ao se converterem, "nascidos de novo" em Cristo, são reconhecidos como "filhos de Deus". Ora, o Criador, Senhor do universo, tem direito sobre todas as coisas por ele criadas e, ao reconhecer os homens como seus filhos, no momento da conversão, coloca todas as coisas ao dispor deles, porque os tomou sob sua proteção para serem abençoados e terem êxito em seus empreendimentos. Como Rei e Senhor, Deus já lhes deu tudo no próprio ato de reconhecê-los como filhos e, assim, aos homens só resta tomar posse do que, desde já, lhes pertence. Há, no entanto, na doutrina neopentecostal, um segundo princípio, complementar a este, que é o da "guerra espiritual". Pois se Deus *já* deu ao homem *tudo* aquilo que necessita ou deseja, e mesmo mais, o que nem ele ainda sabe precisar ou querer, por que então nem todos alcançaram *ainda* a prosperidade, por que vivem em conflito e enfrentam adversidades, a miséria, a pobreza, a injustiça, a doença, a perda, o sofrimento, a dor? É porque tudo isso é obra do Maligno, que quer perder os homens e assim procura afastá-los de Deus, fazendo-os duvidar Dele, confundindo-os com falsas crenças ou falsas promessas, engajando-os na senda do pecado, do vício e do desespero, para levá-los à perdição final, que é a sua vitória. Assim, entre a prosperidade a que o fiel já tem direito desde a sua conversão e sua vida presente interpõem-se as forças do Mal, na astúcia de suas mil faces, e é para combatê-las que o fiel trava incessantemente, em todas as frentes, a incansável "guerra espiritual" que, ao lhe trazer a vitória, lhe permitirá gozar enfim da prosperidade que Deus já lhe concedeu. A participação na liturgia dos cultos de sua Igreja é o modo como o fiel trava esses infindáveis combates.

Colocada nesses termos simples, a teologia neopentecostal parece distante do catolicismo, muito mais próxima à doutrina protestante canônica da predestinação. Entretanto, quando melhor considerados os seus termos, essa aparência se desfaz. Como há muito nos fez compreender Max Weber,[124] a teoria da predestinação sempre se associou à ética do trabalho, cujos bons frutos eram vistos como prova da eleição, por Deus, dos seus filhos, que, ao terem êxito em seus negócios terrenos, se certificavam de serem objeto de Sua graça e, assim, terem também assegurada a salvação na vida eterna. Ora, ao *democratizar*, por assim dizer, os desígnios divinos, fazendo Deus estender potencialmente a todos os homens Sua graça, traduzida na prosperidade forçosa de que todos devem gozar, mediante o simples ato da conversão, a teologia neopentecostal incorporou o *espírito do capitalismo*, mas fazendo a economia da *ética protestante* do trabalho. A nova ética que toma o seu lugar tem algo da *aposta* jansenista de Pascal, retirando-se dela, porém, o dilaceramento existencial. *Aposta-se* na salvação e na graça da prosperidade material, da saúde física ou da paz espiritual como em um jogo em que ao lance maior corresponderá maior recompensa: é *dando-se* à igreja e ao seu pastor *que se recebe* de Deus essa graça que de todo modo já nos foi por Ele garantida. A mediação do trabalho desapareceu, tanto no plano material como no espiritual. Materialmente, ele deixou de ser o elemento fundamental por meio do qual se conquista a prosperidade, sendo a fé algo mais próximo à "força do pensamento positivo", com o qual o homem enfrenta as adversidades do cotidiano, do que ao poder que o impulsiona a tocar adiante seus empreendimentos, apesar da incerteza de seus resultados. No plano espiritual, a mediação do trabalho também se torna irrelevante, dada a demonização hipostasiada do Mal. Não sao obras que Deus requer de seus filhos, mas sua atenção e presteza no combate a uma força inteiramente exteriorizada, e por cuja ação, exceto por seu descuido, eles não são responsáveis.

Não por acaso, sobretudo na Igreja Universal, os cultos, ao vivo nos templos ou mostrados pela TV, se desenrolam como sessões de exorcismo, nas quais o Mal, sob todas as suas invocações possíveis, é chamado a manifestar-se e dizer seu próprio nome, para que possa ser depois escorraçado, em nome de Deus. Esvaziam-se assim o dilaceramento diante da tentação, a dúvida quanto ao caminho do Bem a ser trilhado, ou o sentimento de culpa por ser cúmplice na ação do Mal. Para a vida interior dos indivíduos, o impacto dessa operação não deixa de ser extraordinário. Os mais inconfessáveis sentimentos, os mais profundos temores ou as ações mais cuidadosamente encobertas — o ódio aos pais ou a um irmão, a incerteza quanto à identidade sexual, uma relação incestuosa ou perversa, por exemplo — são proclamados diante de um público que, graças à mídia, se multiplica em miríades de olhos e ouvidos que veem e não se escandalizam, escutam e não condenam, porque não se encontram perante algo pelo qual o indivíduo é responsável, mas apenas diante de mais um espetáculo em que o Maligno revela suas múltiplas faces. Lavado de todo mal e de toda culpa, como em seguida à confissão e à penitência no catolicismo, o homem de fato renasce, pela graça do Cristo que ele agora reconhece como Senhor e Salvador.

Entretanto, o que inquieta são as figuras do sagrado por trás das quais o Maligno revela sua ação. Os cultos da Igreja Universal, mas também de outras igrejas neopentecostais, se povoam de feitiços e *macumbarias*, de exus e pombagiras, de *trabalhos* da direita ou da esquerda, de orixás malévolos e falsos santos, de benzimentos, rezas, pajelanças e operações espirituais abortadas, além de falsas promessas de pais de santo de umbanda e candomblé ou beatos milagreiros que enganam um povo crédulo e ignorante. Nisso também os neopentecostais não inovam, ou nem tanto. A perseguição às crenças religiosas e práticas rituais de origem afro-ameríndia era já um fato sob o catolicismo, desde os tempos coloniais. Em tempos modernos, as elites e mesmo os intelectuais se encarregariam de desqualificá-las em nome da ciência e da civilização, enquanto a Igreja católica, ainda nos anos

1940, como vimos, acabaria por demonizar as devoções de pobres e negros, mesmo travestidas sob as formas do catolicismo popular. No Brasil, havia muito, portanto, que o Diabo tinha cor, e esta nunca fora branca: aqui também a visão católica apenas se reproduz na prática neopentecostal.

Essas igrejas inovam, porém, na operação de apropriação reversa que fazem das religiões afro-brasileiras. Se a forma do culto é a do exorcismo, velho conhecido da Igreja católica, o que se exorciza é sobretudo o conjunto das entidades do panteão afro-ameríndio incorporado às religiosidades populares, das devoções e práticas mágico-rituais do catolicismo ainda conservadas pelos pobres às religiões de negros perseguidos só recentemente apropriadas pelos estratos médios das populações urbanas. Assim, o que a nova liturgia evangélica realiza é um ecumenismo popular negativo, ou às avessas, incorporando todas as figuras do sagrado das religiosidades populares sob a mesma designação comum das múltiplas identidades do Tinhoso. O que os ritos neopentecostais supõem, e põem em ação, é um profundo conhecimento dessas outras cosmologias que sustentam tais religiosidades, assim como as técnicas de produção e manipulação do transe das religiões de possessão. Sob a mesma forma ritual geralmente já conhecida pelo fiel nos terreiros de candomblé e de umbanda, as entidades do panteão afro-brasileiro são chamadas a incorporar-se no *cavalo* para, depois de "desmascaradas" como figuras demoníacas enviadas por alguém conhecido para fazer um *trabalho* contra a pessoa, ser devidamente "exorcizadas" e submetidas à injunção de não mais voltar a atormentar aquele espírito, pelo poder de Deus. A prática é tão comum que já se fala de exus e pombagiras específicos aos cultos neopentecostais, versão própria, produzida nessas igrejas, das entidades dos terreiros de candomblé e centros de umbanda, de que elas são uma imagem distorcida e quase caricatural. Não por acaso setores dissidentes entre os evangélicos falariam de "versão cristã da macumba" a respeito dessas práticas.

Da Bíblia e seus versículos recitados com ardor pelos pastores, pouco sobrou nesse processo. A teologia protestante foi, de fato, substituída por esse ecumenismo popular negativo, única cosmologia em operação ao longo de todo o rito francamente mágico que é ali executado. Se, na vida íntima do fiel, os efeitos liberatórios da confissão do inconfessável e da admissão do inadmissível são evidentemente reconhecidos, também se registram casos em que a prática ritual é capaz de produzir um surto psicótico reativo. Para alguém levado a uma igreja neopentecostal que tenha sido um verdadeiro praticante dos ritos das religiões afro-brasileiras, ou tenha mantido algum tipo de crença nas práticas de um catolicismo tradicional aprendido na infância, como o costume de acender velas ou invocar a proteção do anjo da guarda ou das santas almas num momento de aflição, a transposição negativa, num rito de exorcismo, de crenças, valores e práticas rituais que por anos se agregaram para compor um etos e uma visão de mundo minimamente coerentes, como é próprio de toda religião, pode ter um efeito de profunda desestruturação psíquica. Não é impunemente que se revertem cosmologias.

Contudo, é necessário inventariar também outras formas de incidência sobre a vida privada desses bruscos câmbios de registro religioso na interpretação da experiência de vida a que têm acesso os indivíduos na sociedade brasileira contemporânea pela crescente expansão do mercado dos bens de salvação. É preciso verificar, sobretudo, como essas mudanças se expressam na redefinição de fronteiras entre o público e o privado, nas formas de sociabilidade que a partir daí se desenvolvem ou se retraem, e nos efeitos que são assim produzidos para o indivíduo, na sua vida íntima assim como em sua vida social mais ampla.

SOB O SIGNO DA VIOLÊNCIA

Rio de Janeiro, Acari, 1995. Quando o pesquisador deu início ao seu trabalho de campo nos subúrbios cariocas, bem perto da Baixada Fluminense, o complexo urbano que se esconde sob o nome de uma única favela — na realidade, são quatro: Parque Acari, Coroado, Vila Esperança e o conjunto habitacional conhecido como Amarelinho — começaria a revelar intrincados meandros de sua realidade social e de seu viver cotidiano. Um mundo de ruas estreitas e becos, ao lado de outras mais amplas onde o comércio prospera, espaço minuciosamente entrecortado por redes de sociabilidade que definem diferentes sentidos de pertencimento a microáreas rivais. Como saber que, ao atravessar uma rua, se deveria ter notado que na outra calçada "fazia mais calor", porque se havia passado para "o outro lado", controlado por outras regras, dependentes de um outro esquema de poder? Um bicho de sete cabeças.[125] Associações de moradores e políticos, agentes do governo, organizações não governamentais e igrejas, tráfico e polícia, e a imprensa sempre à espera da notícia mais sensacional sobre os embates entre a ordem e o crime organizado, que não podem deixar de ocorrer numa zona de subúrbio marcada pela violência. Moradores e tráfico, tráfico e polícia, polícia e políticos, e a imprensa alerta para noticiar o crime mais espetacular que não pode deixar de ocorrer nessa zona próxima à Baixada marcada pela violência. Tráfico, moradores, polícia e logo o Exército nas ruas estreitas, governo, políticos e igrejas, e a imprensa que não poderá deixar de noticiar a morte espetacular do chefe do tráfico nessa zona marcada pela violência. De tanto serem repisadas, as imagens da violência passam a ganhar consistência própria, uma realidade onipresente no imaginário urbano, que assusta os moradores da Zona Sul mas nem tanto a gente dos próprios subúrbios, acostumada ao convívio cotidiano com a luta em que não há heróis e vilões, no embate entre o tráfico e a polícia, mas só vítimas, que são os próprios moradores.[126]

No entanto, para além das imagens, o cotidiano de Acari se desenrolava com a tranquila pachorra da vida dos subúrbios, só às vezes movimentada pelas correrias dos *meninos* em choques com grupos rivais, ou a incursão eventual da polícia, mais temida e perturbadora que as escaramuças do tráfico. Os moradores mais antigos se lembravam ainda dos tempos quase heroicos em que desbravavam o lugar a foice e picareta, derrubando o mato para ali construir um lar para a família. Migrantes, muitos. Naquele tempo se festejavam ainda os santos de junho, com suas fogueiras e sortes, e se organizava a *caipira*, divertimento de todos. Então não havia bandido em Acari, diziam. É claro que existira Tonicão, mas este é quase um herói civilizador, assassino que matava quando preciso, para dar exemplo de respeito às mulheres e às famílias, e distribuía cadernos às crianças, cobrando frequência à escola, "para depois não terem de levar a vida do Tonicão". Agora, Jorge Luís estava à frente do tráfico, moço bom, conhecido de todos, nem sabiam como fora se meter naquilo, mas era um pouco fraco.

Como um mapa, a modo de escrita em código cifrado, pichações diversas, inscrições, símbolos e estranhos desenhos marcavam então os becos e ruas no complexo de Acari, demarcando territórios. Por toda parte, imagens pintadas de são Jorge, Ogum guerreiro, às vezes ao lado de um salmo da Bíblia, valendo em sua linguagem forte por um *fechamento de corpo*. Também por toda parte, pintados em verde, maiores ou menores, os triângulos, sozinhos ou ao lado da sigla TC, marca do Terceiro Comando, que divide com o Comando Vermelho o controle do tráfico na Baixada. Num pequeno nicho, comum nessas favelas da região, perto do Cruzeiro, tal como nos vilarejos nordestinos onde se venera a figura do Padre Cícero, imagens de são Jorge e da escrava Anastácia, ao lado de uma foto de Tonicão. Na quadra de areia, zona de lazer para o joguinho de futebol, o baile funk, mas também para as reuniões mais importantes da comunidade, mais uma vez são Jorge, próximo a um desenho de Bob Marley quase flutuando por sobre uma folha de *Cannabis sativa*, depois rabiscada por cima, disfarçada em almofada ou saco de batatas. No Coroado, sob uma coroa pintada de verde, dois antebraços, um branco, outro negro, mãos se apertando cerradas: um conhecido símbolo de poder encontrado nas igrejas católicas, seria possível dizer caso não se soubesse que significam também o pó branco e a folha negra, na linguagem do tráfico, além de indicar a unidade da favela do Coroado e de Parque Acari, sob um comando comum. Numa parede lateral, uma bela paisagem de cartão-postal da baía de Guanabara, vendo-se nitidamente desenhados, ao lado do Cristo Redentor do Corcovado, o sambódromo e o Maracanã. Logo abaixo, um urubu vestido com uma camisa do Flamengo e as insígnias do time. Ladeando a figura, imagens de Nossa Senhora Aparecida, de são Jorge e de são Jerônimo, Xangô justiceiro. No Amarelinho, uma inscrição, "Mister King", indicando o Reizinho, dono do tráfico local, além do nome do "doador" da pintura — um deputado federal. Num beco levando ao coração da *boca de fumo*, uma sucinta inscrição, obviamente em atenção às crianças: "É expressamente proibido jogar futebol ou andar de bicicleta nesta área. Os responsáveis serão severamente punidos".[127]

Toda uma ética se explicitava ali, pontuada pelas figuras do sagrado que assim inscrevia suas marcas no cotidiano dos moradores da favela, sinais deixados nas perigosas zonas liminares de fronteira, afirmando valores e regras de conduta conhecidos e respeitados, a reger o mundo doméstico da família e outro universo em que circulava a gente do tráfico, distinguindo espaços proibidos e permitidos, numa linguagem simbólica por todos partilhada. Para explicar sua origem, nem era preciso procurar pelas igrejas. Aliás, muitas havia, na enorme favela: 34 ao todo, quatro católicas, fechadas a maior parte da semana ou reduzidas às atividades do centro comunitário, inúmeros templos pentecostais, sobretudo da Assembleia de Deus. Dos terreiros de umbanda, sabia-se que muitos os frequentavam, mas tampouco tinham grande visibilidade, ao contrário da Fábrica de Esperança localizada às portas de Acari, um empreendimento evangélico dirigido pelo pastor Caio Fábio e que já então desenvolvia um importante trabalho social na região. No entanto, colocando a comunidade e os traficantes sob a proteção comum dos santos católicos e dos orixás, o santo guerreiro e o sábio rei da justiça, usando salmos como *rezas bravas*, aqueles símbolos retomavam o elemento mágico comum às devoções do espontâneo ecumenismo popular, invocando a proteção no combate, para os que se sabiam em meio à guerra, e a justiça como linha divisória, a separá-los da comunidade mas também, como justiça divina, a defendê-los da justiça dos homens, pela qual se sabiam nem sempre com razão perseguidos. Por outro lado, associando-se a fortes imagens de identificação étnica — o urubu da equipe de futebol mais popular do Rio, considerada como "time de pobre e de preto", o estádio e a passarela do samba, ao lado da imagem de Bob Marley e, significativamente, da escrava-santa, Anastácia —, aqueles símbolos falavam de um sentido de pertencimento comum a todos os membros da comunidade, numa dupla construção identitária contrastiva, distinguindo, por um lado, os traficantes e as famílias, mas, por outro, afirmando também a integração de uns e outros numa mesma condição, de negros ou mestiços pobres, desvalidos e injustiçados, tendo que participar, cada um a seu modo, certo ou errado, da luta comum pela sobrevivência.

Nem era diferente a situação em outros subúrbios pobres do Rio, ou na periferia da grande metrópole paulistana. Em Vigário Geral, por exemplo, a vida voltara a reconstituir alguma ordem após a chacina da polícia em 1992, quando, a propósito de uma rixa entre as diferentes gangues do tráfico que dominam áreas vizinhas, a favela fora certa noite invadida de surpresa, sendo sumariamente eliminadas, à porta de um bar ou dentro de casa, dormindo em suas camas, 22 pessoas — todos trabalhadores, nenhum bandido.[128] A casa, pertencente a uma família de evangélicos, onde haviam sido baleadas seis pessoas, entre as quais duas crianças, fora comprada, por intermédio do pastor Caio Fábio, e depois reconstruída, para tornar-se a Casa da Paz. Então, ali já estavam em funcionamento um centro de saúde, graças à organização Médicos sem Fronteiras, uma biblioteca onde escritores de renome vinham dar palestras às crianças, cursos de arte e de computação. À frente da Casa da Paz, Caio Ferraz, nascido ali mesmo, mas que conseguira, de forma inédita em Vigário, obter um diploma universitário, formando-se na Universidade Federal do Rio de Janeiro em sociologia, tocava o trabalho. Com a colaboração voluntária de profissionais das mais diversas áreas e do pastor — eram "os dois Caios"—, fazia verdadeiros milagres com o orçamento apertado. A *boca de fumo* ficava logo ali, no final da ruazinha estreita da Casa da Paz. Caio conhecia todos os *meninos*, colegas de infância, e precisava de muita firmeza quando, com apenas um passe de ônibus no bolso e sem um tostão para pagar as contas a vencer na manhã seguinte, eles vinham lhe oferecer, como amigos, de bom coração e para ajuda, a féria do dia ou da semana, às vezes um bolo de notas, quase 30 mil reais, num saco amarelo de compra de supermercado. Era preciso recusar, delicada mas decididamente, para manter a separação. Assim, respeitavam-se, na distância: um mesmo código comum de valores tornava possível a comunicação. Pois muitos dos envolvidos com o tráfico queriam mesmo que a Casa da Paz prosperasse, e para lá mandavam seus irmãos menores ou seus filhos, um jeito de tentar garantir para eles um futuro distinto daquele que, sabiam, os esperava.

É certo que a "zona neutra" que separa Vigário Geral de Parada de Lucas era ainda chamada de Paralelo 38, e que as escadarias que dão acesso à favela, passando por sobre a linha da estrada de ferro, guardavam as marcas das muitas balas da polícia que, segundo comentário bem-humorado dos moradores, costumava praticar tiro ao alvo por lá, depois que a instalação da Casa da Paz conseguira garantir que nenhum destacamento policial entraria em Vigário sem que a população fosse previamente avisada. Quanto ao mais, na quadra ao lado da estação, continuavam a ter lugar os bailes funk no fim de semana. Na sexta-feira, após o acerto de contas da semana, era a vez de os *meninos* produzirem a festa, providenciando com frequência imensos carros de som de trio elétrico, que mal passavam pelas ruazinhas estreitas, sob a proteção das AR15, empunhadas com orgulho pela *guarda* do chefe. À entrada da favela, numa pracinha dando para a quadra, um pequeno nicho envidraçado: seu Zé Pilintra, Cosme e Damião, são Lázaro e Ogum guerreiro são Jorge velavam por Vigário Geral, em troca da oferenda da garrafa de cachaça, dos doces e do prato de pipocas. Na esquina oposta da praça, um templo evangélico.

Também em São Paulo, no bairro de periferia onde fica o terreiro de candomblé, se reconheceria uma atmosfera em nada distinta desta dos subúrbios cariocas. Figura popular no bairro, o pai de santo era querido e respeitado por todos. Na *feitura de santo*, por ocasião da iniciação dos *iaôs*, uma parte dos animais sacrificados na *matança* era sempre reservada à vizinhança pobre, principalmente quando o terreiro ficava ainda num bairro mais distante, ao lado de uma favela que crescera em torno da pedreira costumeiramente frequentada pela gente da casa de santo para as oferendas a Xangô. As *saídas de iaô* e as grandes festas dos orixás atraíam gente de longe, apesar da fama de "lugar perigoso" às vezes atribuída ao bairro. "Perigoso" significava que, como em grande parte dos bairros de periferia, ninguém podia escolher seus vizinhos, e, vez por outra, se descobria que alguém "saíra de circulação" por ter se envolvido em pequenos crimes de furto, às vezes mesmo coisa mais pesada, como assalto ou drogas. No entanto, a casa jamais fora assaltada e nunca se soube de carro algum à sua porta, da numerosa clientela que frequentava o terreiro para o jogo de búzios, os *trabalhos* habituais ou em dia de festa, que jamais fosse tocado. Como um código de honra, esta era uma regra por todos conhecida e acatada, tanto em razão da vizinhança como pelo respeito devido à casa de santo. Assim, entre os vizinhos, muitos eram os que, contraventores ou não, vez por outra participavam do toque como *ogans*, participando também com suas famílias, invariavelmente, das festas. Aqui também, portanto, um universo comum de sentido, perpassado pelas figuras do sagrado, tornava possível a negociação do convívio cotidiano num universo onde a violência fazia presentes as suas marcas.

Então, as coisas começaram a mudar,[129] e com uma rapidez espantosa. Em Acari, pouco antes do início da Operação Resgate, que resultaria na ocupação militar das favelas cariocas em 1996, Jorge Luís, acossado, fugira para a Bahia. Preso em Salvador, morreria enforcado nas dependências da polícia carioca: suicídio, como a alegação oficial sempre faz constar nessas circunstâncias. Seu enterro se transformaria em um grande evento local, com dezenas de carros e ônibus alugados levando os moradores para o cemitério. Na ocasião, um "culto ecumênico", proposto por uma igreja evangélica, fora realizado na quadra de areia, e embora a ele tivesse comparecido um significativo número de pessoas, nenhuma liderança de qualquer outro credo religioso dele tomou parte. De Jorge Luís diriam que era "o último de sua linhagem", que evidentemente remontava a Tonicão: à frente do tráfico, seu lugar seria agora tomado por um jovem do segundo escalão na hierarquia de poder, conhecido e temido por ter sido sempre encarregado do "serviço sujo" do tráfico. Em Vigário Geral, a novidade era uma estação de rádio comunitária, instalada pelo tráfico, mas que difundia ao longo de todo o dia uma programação evangélica, com músicas e pregações contínuas. À porta da Casa da Paz, uma mulher, que por horas caminhara pela ruazinha estreita, indo e voltando, indo e voltando, sentara-se, e chorava, dialogando com o invisível. Enlouquecera, segundo contaram, depois que seus três filhos foram mortos na guerra do tráfico. Agora, a palavra de Deus, em versão evangélica, era a única coisa que a religava de novo com o mundo, do qual logo se alheava, entretanto, diante da dor insuportável. Na periferia de São Paulo, pela primeira vez se soube que a casa do pai de santo fora roubada, dinheiro grande do pagamento de obras de ampliação do terreiro, levado por um *ogan* da casa para pagar dívidas contraídas no envolvimento com drogas. Logo depois se saberia que fora preso, em meio a um assalto. Dessa vez, o pai de santo que, anteriormente, em várias ocasiões fora à delegacia pagar fiança para livrá-lo da prisão, se recusaria a repetir o gesto solidário, e o jovem amargaria cadeia por um ano.

De repente constatava-se que ocorrera uma espécie de salto qualitativo: por trás da violência, se começaria a vislumbrar a face do terror.[130] Em Acari, finda a ocupação militar, que trouxera a paz mas congelara os negócios na favela, fazendo minguar o dinheiro ao pôr em quarentena o tráfico, tudo parecia ter voltado à "normalidade", mas logo se sentiria que não era bem assim. "Sanguinário", como se descrevia o novo chefe, ele não respeitava mais nada nem ninguém e não hesitaria em matar a mãe ou os próprios companheiros, segundo se dizia, se cruzassem seu caminho atrapalhando os negócios, ou num momento de desvario, enlouquecido pela droga. Seus vínculos com Acari eram tênues, já que o objetivo era ganhar rápido o dinheiro e ir consumir na Zona Sul, em Copacabana, ou no Metropolitan, na Barra da Tijuca. Ele próprio mandaria caiar alguns muros onde a linguagem simbólica das imagens inscrevera a marca de líderes de outros tempos ou de valores que deveriam ser deixados para trás. No seu rastro, as igrejas evangélicas acentuariam a conexão dos símbolos sagrados das religiões afro-brasileiras com as obras do Maligno e, certa tarde, se veriam as belas figuras de são Jorge e Bob Marley ser cobertas de cal, por um negro, na quadra de areia. A linguagem cifrada das imagens que falavam de uma comunidade de sentido na percepção do mundo entre os moradores da favela deixara de existir. Em seu lugar, no deserto branco da cal, só o terror e a fé militante para combater o Maligno, confrontando-se face a face. Os triângulos verdes e a insígnia TC migrariam para a Lapa, ao lado da Cinelândia.

Também em Vigário Geral as mudanças seriam bruscas e profundas. Sem dificuldade para negociar com os *meninos* a segurança da favela por ocasião dos eventos organizados pela Casa da Paz, como um memorável show de Caetano Veloso, Caio começaria, no entanto, a receber insistentes telefonemas anônimos com ameaças de morte, dirigidas a ele, à mulher e à filha de menos de dois anos. Sob a pressão da opinião pública e do governo, a polícia começara a "limpa" de seus quadros, e havia muito em jogo e muito a perder. Recrudescendo as ameaças, Caio iria abrigar-se, como um foragido, sob proteção da Polícia Federal, em Brasília, para onde de todo modo já fora chamado a comparecer, mas algumas semanas mais tarde, ironicamente para receber do presidente da República um prêmio por sua atuação em defesa dos direitos humanos. Entretanto, nem ali podendo se sentir seguro, e sem qualquer perspectiva de retorno a Vigário Geral, acabaria por viajar com a família para os Estados Unidos, solicitando e obtendo das autoridades americanas o apoio necessário, na condição de exilado político.

Em São Paulo, pouco mais de um ano depois, quase incidentalmente, uma pesquisa imobiliária daria ocasião a um estranho mapeamento dos municípios vizinhos da grande metrópole, tendo por critério a segurança definida segundo a maior ou menor proximidade desses lugares às periferias "bravas" da cidade e um cálculo de probabilidades sobre o tempo que demoraria para serem incluídos nas rotas do tráfico. E, nessa tarefa, a gente do terreiro era mestra, podendo dar lições. Mais que familiarizados com os códigos da violência, e acostumados a circular por lugares distantes e ermos, à procura dos poucos espaços da natureza ainda não devorados pela cidade — pequenas cascatas, pedreiras ou trechos de mata, essenciais à prática dos ritos dessas religiões em que o sagrado se evidencia em cada coisa do mundo —, conheciam como a palma da mão as últimas áreas habitadas que era preciso atravessar para atingi-los, assim como as densas redes de sociabilidade que as recortam e os símbolos pelos quais se dão a reconhecer, transformando espaços em lugares. Então, toda uma complexa trama de relações, surpreendente por inesperada em se tratando de São Paulo, começaria a se revelar. A rota do tráfico corria por enclaves, de periferia a periferia, dentro e fora da cidade e, entre um e outro ponto, a favelização de uma área de ocupação recente significava potencialmente a formação de outro enclave. Nas áreas de enclave, tal como no Rio, foguetes eram linguagem e os clubes de baloeiros, quase sem exceção, faziam parte da rede, anunciando a chegada de um *carregamento*. Nas escolas, crianças eram recrutadas como *aviões* por um par de patins, as mais velhas em troca da primeira arma, também aqui símbolo de status. Por uma gentileza feita a uma mulher, poderosa chefia do tráfico em uma das maiores favelas da zona norte, alguém se confrontaria com a embaraçosa obrigação de recusar um pacote de meio quilo de *erva* da melhor qualidade, oferecido em retribuição.

Dando continuidade à lista de surpresas, se descobriria que, num bairro de baixa classe média, para escândalo dos vizinhos, a Polícia Federal viria a investigar as atividades de um grupo de escolares entre catorze e dezessete anos que montavam em casa um sistema de radiotransmissão, interferindo na rede telefônica e da TV a cabo da rua. A conclusão da perícia policial seria a de um inocente passatempo de meninos inteligentes e irrequietos, em competição com amigos de um bairro distante bastante favelizado, que já tinham montado a sua própria estação. Entretanto, visto da periferia, o mesmo fato evidenciaria uma outra significação: a montagem, a serviço do tráfico, de uma rede de comunicação radiofônica que permite captar as frequências utilizadas pela polícia e transmitir escancaradamente suas mensagens em código cifrado que, nas casas vizinhas, são ouvidas por todos, substituindo o som da TV, inclusive em horários "nobres". Por isso, a mãe-pequena do terreiro já avisara o vizinho, dono de um desses sistemas, para ficar longe de seus três sobrinhos adolescentes, ameaçando-o de morte caso tentasse influenciá-los a usar drogas ou cooptá-los para as atividades da rede. Para maior segurança, encarregara-se de ocupar todo o tempo livre dos jovens com atividades educacionais e desportivas, incentivando inclusive o pendor artístico de um deles, para o desenho e a música. E, como se fosse uma coisa natural, concluiria dizendo que o desenho era uma atividade útil para o futuro profissional do adolescente, e a música poderia incentivá-lo a frequentar... a igreja evangélica! Lá, ao menos, esta seria uma prática saudável, longe das tentações de uma carreira artística que, também ela, levaria quase inevitavelmente ao envolvimento com as drogas. Assim, diante da violência que agora fechava o cerco em torno das famílias, aqui também ser evangélico significava adquirir uma credencial de respeitabilidade.

Nesse contexto, o crescimento evangélico entre as chamadas "classes populares" começa a revelar um outro e inquietante significado. A violência, que agora estende seus tentáculos aparentemente sem regras, ou pelo menos não mais permitindo a negociação do convívio dentro de regras conhecidas ou minimamente estáveis, faz com que, acuados, esses segmentos no entanto habituados ao convívio cotidiano com a contravenção e o crime organizado, num contato próximo e familiar dentro das redes de vizinhança, agora sejam obrigados a procurar em outro lugar uma ancoragem simbólica para dar conta de uma experiência do mundo que parece chegar aos confins de sua inteligibilidade. Sem atingir as fronteiras do terror de modo homogêneo em toda parte, essa cultura da violência verdadeiramente nova que parece esboçar-se aponta, no limite, para o sagrado, em face do sentido dolorosamente concreto que agora adquire a presença do Mal. Caso extremo, Acari ilustra essa tensão imposta pela violência não mais inteligível mas com a qual a cada dia se é obrigado a conviver, não como um fato esporádico, mas como uma *atmosfera* que passa a envolver cada ato cotidiano da existência, no lugar de moradia, no interior da família, no recesso mais íntimo do lar e, por fim, na consciência mais interior do indivíduo. Em Acari, no tráfico, não se fala mais em *matar*, mas *picar*, no sentido absolutamente literal do termo: não basta assassinar, é preciso *esquartejar* o inimigo. E o *saco* — desses mesmo de *lixo*, dos grandes, de cem litros, suficientes para conter os pedaços de um ser humano — se tornou, metonimicamente, sinônimo da operação de extermínio, da qual, agora, cada um tem a sensação de poder ser a próxima vítima. Por isso, o tema circula em conversas de botequim ou é motivo de *practical jokes* horripilantes, dos quais todos riem, exceto quem é deles objeto, pois a ameaça de hoje pode ser uma realidade amanhã. Na verdade, os povos indígenas há muito nos ensinaram a compreender que só se ri do que se teme — o jaguar, o feiticeiro, os espíritos dos mortos.[131] Ou a certeza da iminência da própria morte.

Nos jornais populares, as costumeiras imagens das vítimas de crimes continuam a se reproduzir, mas com uma característica nova: a foto é sempre tirada de viés, de uma forma que acentua a deformação da imagem, enfatizando um detalhe ainda reconhecível — um braço que parece mutilado, a mão cujos dedos não se veem, um pedaço de orelha, um fragmento de pé descalço — que se torna absurdo ou incompreensível, sem a totalidade do ser humano a que devem ter pertencido. Na verdade, não há mais seres humanos, apenas coisas *picadas*, pedaços — de inimigos ou de vítimas. Ruído ou música cacofônica ininterrupta, escandida entre o sobressalto em clave alta de violino e a angústia constante que, no tom abafado de um baixo, produz um zumbido contínuo, este é propriamente o *terror*, pano de fundo invariante da experiência de vida e contra o qual é preciso agarrar-se com unhas e dentes à vontade de sobreviver e encontrar um sentido para a existência no varejo do cotidiano. Isso é o que dá uma credibilidade nova à hipóstase do Mal como criatura autônoma, "solto por si, cidadão". De fato, por ali anda o "Diabo na rua, no meio do redemunho...". Mas ali também o Diabo tem cara, e sobretudo cor. Negro como a noite, as trevas, a morte. Falso como os falsos amigos, as falsas promessas, dos pais de santo ou dos caboclos e pretos-velhos dos terreiros. Mentiroso como esses orixás que se dizem deuses e são apenas expressão das múltiplas faces do Demônio. Lúgubre porque, com sua mentira e falsidade, leva à perdição nas trevas da morte, como tudo o que é obscuro, sombrio, negro.

As metáforas falam por si. A demonização das religiosidades afro-brasileiras que se produz nesse contexto assume características de verdadeiro etnocídio, porque se estende, para além do universo religioso, à totalidade de um patrimônio cultural negro, preservado ou recriado ao longo de séculos de história no Brasil, e que sempre constituiu um universo de significados partilhados, permitindo a construção positiva de uma identidade de contraste. Diante de uma religião que se apropria em negativo de todo um conjunto de símbolos que conformam o etos e a visão de mundo próprios às religiosidades afro-brasileiras, na situação limite em que a violência se transforma em terror, o que é grave é que não sobra às pessoas nenhuma opção, sejam elas brancas ou negras. Ou se serve aos desígnios do Maligno, ao se manter qualquer contato com esse universo cultural demonizado, ou se está do lado de Deus, que agora só tem uma única face.

No interior das religiões cristãs, a diferença essencial entre o catolicismo e o protestantismo talvez esteja no grau de *abertura à alteridade* que são capazes de suportar em seu interior. O catolicismo barroco que serviu de matriz à formação das religiosidades populares no Brasil, com seu etos festivo, sem nunca separar o público do privado, o sagrado do profano, não obstante a violência para a qual serviu de instrumento de legitimação na ordem social escravocrata, ou a constante perseguição a que submeteu a *feitiçaria* dos negros, fora *apesar de tudo* capaz de permitir a incorporação, em um universo comum de sentido, de muitas crenças e práticas rituais *outras*, afro-ameríndias, teimosamente sobreviventes nas formas de devoção desse catolicismo negro que dá lugar aos batuques e candombes ou se expressa nas congadas e moçambiques do Rosário e são Benedito. Este seria também o espaço em que, penosamente, fragmentos de cosmologias africanas seriam preservados e ressignificados,[132] para mais tarde reorganizar-se, dando origem aos candomblés e sua reinvenção na umbanda. Na visão de mundo do novo protestantismo que ganha uma significação quase inquestionável nas periferias pobres sob o império da violência e do terror, não há lugar para o *outro*. Inteiramente incorporado, mas com um sinal negativo, o universo dessas religiosidades só pode ser, também, integralmente rejeitado.

Não é difícil entender que as igrejas neopentecostais tenham mudado a face do protestantismo e que o próprio pentecostalismo esteja, de fato, mudando.[133] Certamente já ficou para trás o tempo em que a obtenção de uma *franchising* da Igreja Universal por um pastor incluía a obrigação de fechar um certo número de terreiros de candomblé e umbanda, e em que o espírito militante dos fiéis os levava a agredir a golpes de Bíblia pais de santo e iaôs em dia de festa de terreiro. Nada disso ainda é preciso. A mídia multiplica de forma muito mais eficaz o proselitismo ao exibir suas sessões de exorcismo, e nos subúrbios e periferias pobres das grandes metrópoles os neopentecostais já não precisam perseguir de forma direta seus inimigos. Assumindo a face do Maligno, o terror, cuja associação com as religiões afro-brasileiras é cada vez mais enfatizada, já se encarregou por conta própria de desestruturar o antigo significado daqueles símbolos, diante de um tipo de violência que parece desafiar as formas conhecidas de atribuir inteligibilidade à experiência do mundo. Sem alternativa, muitos dos que até ontem eram vistos como seus adversários acabam por ser atirados para os braços do Cristo Salvador.

Obviamente, não se quer com isso preconizar o "fim" das religiões afro-brasileiras. Não são suas crenças e ritos que parecem ameaçados pelo avanço do neopentecostalismo, mas as condições sociais de sua reprodução, pelo menos nas grandes metrópoles. Os iniciados não deixaram de "crer" nos antigos deuses da África, e nem poderiam fazê-lo, até porque o etos e a visão de mundo que uma religião integra não são suscetíveis, como aliás nenhum outro fenômeno de cultura, de ser alterados por nenhum tipo de decreto ou decisão voluntária. Todavia, voltando os terreiros a novamente fechar-se sobre si mesmos, ou recolhidos os seus *assentamentos* ao espaço privado da casa dos filhos de santo, em seu recanto mais íntimo, sem o espaço coletivo dos ritos de iniciação e das grandes festas públicas que marcam seu encerramento ou a celebração da descida dos deuses à terra para cantar e dançar com os homens, as novas gerações, mais uma vez socializadas no convívio de um Deus único e ciumento que faz ver como obra do Demônio essas crenças e ritos — e agora de forma verossímil, num contexto em que a violência se aproxima do terror —, certamente irão apreender de um modo muito particular, mesmo no espaço privado da própria casa, o seu significado. Por outro lado, naturalmente também não é essa uma situação característica dos cultos afro-brasileiros por toda parte. O Brasil é muito grande, as variações regionais das religiões afro-brasileiras são significativas, e não é em toda cidade que a mudança social e a dinâmica da cultura imprimem ao campo religioso esse ritmo de transformação que vem ocorrendo nas grandes metrópoles. Mesmo ali, talvez os terreiros se rearticulem, sob o impacto das classes médias que a eles não cessam de afluir, ou talvez mesmo, diante da demonização de suas crenças e práticas rituais, se vejam crescer no seu interior, reativamente, os cultos de Exu, tradicional versão católica do Diabo.[134] Ou talvez todo esse processo venha a provocar uma reorganização institucional, com a criação, tal como ocorreu com a umbanda, de federações que acabem por lhes garantir, inclusive, uma nova projeção no espaço público, a exemplo dos próprios evangélicos. Mas esta será, seguramente, já uma outra forma de existência, ou uma nova "versão", das religiões afro-brasileiras.

De qualquer modo, tudo isso serve para relativizar o alcance explicativo do pressuposto metodológico do individualismo possessivo[135] que sustenta a teoria do mercado dos bens de salvação: passando por um processo de expansão, e regido como todo mercado pela lógica do interesse, este faria da escolha religiosa no mundo contemporâneo uma questão de opção individual. Entretanto, na delicada trama social que sustenta, para os homens, a credibilidade de um sistema de interpretação de sua experiência do mundo, entre o indivíduo e a sociedade interpõe-se uma infinidade de mediações. No caso da religião, como se sabe, as instituições — igrejas, templos, sinagogas, terreiros, centros, e as organizações mais abrangentes de que são parte — responsáveis pela sistematização e transmissão das crenças, assim como das práticas litúrgicas, nos rituais e nos cultos, constituem mediações essenciais. Contudo, elas não são as únicas, já que, para além da organização interna do sagrado, na crença e na prática ritual e devocional, outros sistemas de valores e práticas ritualizadas, ligados a outras dimensões profanas da vida social, com suas miríades de símbolos e signos, dialogam com esse sistema interpretativo, passíveis ou não de ratificá-los ou se mostrar com eles compatíveis. É assim que, nas sociedades, se constituem *comunidades de sentido* mais ou menos abrangentes: é em função delas que a experiência do mundo se torna interpretável e é no seu interior que também se define o lugar da religião.

Até bem pouco tempo atrás, nas periferias das grandes metrópoles brasileiras, sob a égide das religiões afro-brasileiras, ou mesmo no catolicismo tradicional, o valor da *reciprocidade*, mediação essencial entre o homem e o sagrado, transitava sem solução de continuidade entre a organização institucional da fé, no campo da religião, e a ordem social mais imediatamente dada à experiência individual, na vida doméstica ou nos círculos de amizade, trabalho e vizinhança. Um mesmo universo de significações corroborava reciprocamente a interpretação dessas diversas dimensões da experiência, fazendo da *comunidade* um valor passível de permanente reinvenção — da vizinhança às Comunidades Eclesiais de Base,[136] passando pela família de santo do terreiro — porque passível de ser encarnado em realidades diversas mas imediatamente tangíveis e socialmente significativas. Agora, num universo no qual a violência se transforma em terror, é diante do processo de dissolução dessas comunidades, graças à fragmentação dessa *comunidade de sentido* que lhes dava sustentação, permitindo inclusive negociar com a violência as fronteiras da ordem e da desordem, que se desloca o lugar da religião.

Não, porém, de toda e qualquer religião, mas daquelas religiosidades populares que, em seu espontâneo ecumenismo, sustentadas por cosmologias em que o sagrado é capaz de ordenar de forma mais ampla também outras dimensões profanas da experiência individual e comunitária, situavam para além da afiliação institucional de cada pessoa a uma ou outra confissão religiosa o valor do sistema de dons e contradons a que a reciprocidade obriga. Em seu lugar, um Deus exclusivista reserva agora à comunidade dos seus fiéis a lógica desse sistema de trocas, prometendo a eles somente as benesses da prosperidade nesta vida e a salvação no outro mundo. Nesse contexto, para todos os demais excluídos da comunidade dos *renascidos* no Cristo Salvador, não é a liberdade individual de escolha o que preside à sua adesão a um (novo) credo religioso ou sua permanência na fé herdada de seus pais ou aprendida na infância. Diante de uma realidade cada vez mais incompreensível com que se defronta e a solidão que agora experimenta, é a *pressão da comunidade* na qual se insere, nas relações familiares, de trabalho ou vizinhança, ou a *procura da comunidade*, velha ou nova, na qual procura manter-se ou inserir-se, o que determinará suas atitudes religiosas, buscando compartilhar com outros um sistema de interpretação do mundo ao seu redor capaz de dar sentido às experiências limite em confronto com as quais, nos confins do sofrimento, do colapso moral ou da própria inteligibilidade do vivido, o sagrado volta a emergir como fonte de significado para a existência humana.

Nesse sentido, toda religião toca a ordem do privado, pressupondo uma adesão íntima e profunda do indivíduo a um sistema cultural no qual um mesmo etos e uma visão de mundo a ele congruente conformam sua interpretação dessas experiências. Todavia, assim como a construção dessas cosmologias, também a adesão à fé pressupõe um trabalho mais amplo do social que, anterior aos indivíduos, molda para eles suas "opções" no campo religioso. Não por acaso, também no interior do catolicismo, é a mesma busca da comunidade que, num mundo cada vez mais erodido pelos valores do individualismo possessivo, leva a Igreja católica a empreender um novo esforço para reinventar o sentido de uma fé íntima e ao mesmo tempo capaz de expressar-se intensamente no plano comunitário, reapropriando-se de sua antiga tradição de celebrações festivas, graças ao Movimento de Renovação Carismática. Entretanto, para além dessas questões que dizem respeito à construção social da vida religiosa, é tempo já de nos perguntarmos de modo mais preciso qual o significado que assumem essas transformações no campo das religiões no Brasil, quando consideradas da ótica do mundo privado.

AS METAMORFOSES DO SAGRADO, ENTRE O PÚBLICO E O PRIVADO

Visto em perspectiva, ao longo de mais de meio século de história, é evidente que o impacto das mudanças do campo religioso no Brasil, que procuramos pontuar através de alguns exemplos significativos, foi grande e profundo. O progressivo processo de modernização da sociedade brasileira que ocorre nesse período traz inevitavelmente consigo o corolário conhecido da laicização, e a consequente "perda de centralidade" da religião na economia dos sistemas simbólicos graças aos quais os indivíduos atribuem significado à sua existência. À medida que, numa sociedade cada vez mais complexa, a experiência da vida social se torna múltipla e fragmentária, as instituições que pretendiam formular sistemas de interpretação abrangentes, capazes de enfeixar numa totalidade única a compreensão da realidade, derivando daí os preceitos adequados à orientação da conduta nas diversas dimensões da vida privada, vão perdendo gradativamente sua força normativa. É nesse contexto que os indivíduos são chamados cada vez mais a depender de si mesmos na eleição dos valores necessários ao desempenho dos variados papéis sociais que passam a ser deles requeridos, com base no leque de escolhas progressivamente mais amplo que a vida social lhes oferece como modelos alternativos de conduta, traçando a partir daí seu próprio *projeto*.[137] E as igrejas, como as demais instituições, não escapam a essa regra.

A transformação mais visível que se dá no interior do campo religioso em razão desse processo atinge, como não poderia deixar de ser, o domínio da moral, e sobretudo da moral sexual. As estruturas da família patriarcal, que se consolidaram ao longo da história brasileira junto com o predomínio incontestes da Igreja católica, vão aos poucos perdendo sua consistência. O valor da virgindade feminina a ser preservada até o casamento, tendo como modelo a santidade de Maria, Virgem Mãe de Deus, passa cada vez mais a ser questionado, à medida que a modéstia deixa aos poucos de ser vista como um atributo fundamental da mulher. Na sociedade em transformação, que cada vez mais se revela centrada no indivíduo, a nova consciência da realidade física do corpo humano faz com que este passe progressivamente a ser encarado da perspectiva de valores estéticos inteiramente profanos, exigindo-se muito esforço de homens e mulheres, na *malhação* e nas academias de ginástica e musculação, para conformar o seu porte físico aos padrões de beleza ditados pela moda. Nos antípodas da visão cristã, é a nudez de um corpo jovem e saudável que deve ser exibida na força de sua beleza triunfante, não o corpo macerado pelo sofrimento do Cristo na Cruz, ou o corpo belo mas pecador da Madalena arrependida, também ele, como o corpo virtuoso de Marta e Maria, escondido pelo panejamento abundante da estatuária religiosa das igrejas. Assim, pouco espaço sobra ao valor do recato feminino, pilar da moralidade familiar católica há pouco mais de quatro décadas, e que vai desaparecendo aos poucos numa sociedade que acaba por aceitar, embora de forma a princípio relutante, a moda da minissaia, do topless e agora o sexo virtual via internet.

Perdido o seu controle sobre o corpo, em especial o corpo feminino, uma das "posses essenciais" que deve ser garantida de forma normativa em toda sociedade, em geral pela religião, para se garantir também a submissão das almas e, com ela, o controle da riqueza e do prestígio e a hegemonia do poder de uma classe,[138] é o destino social do corpo, na institucionalização da reprodução humana mediante o casamento, que também escapa aos poucos ao domínio do sagrado. O desconforto familiar diante da jovem *que deu um mau passo*, perdendo a virgindade e, pior ainda, engravidando antes do matrimônio, ou, de forma inversa e simétrica, o estrito rigor na conduta exigido à mãe de família *largada pelo marido,* assim como a obrigação de aceitar um casamento imposto pela família, por razões de conveniência na preservação do patrimônio ou pela simples autoridade paterna inquestionável, que aos poucos vão se amenizando para dar lugar a uma atitude mais liberal ou flexível em relação às condutas "desviantes", representam uma erosão profunda das estruturas da família patriarcal, que sempre teve por modelo normativo valores éticos impregnados pelas figuras do sagrado, graças ao imaginário cristão da Sagrada Família.

Do mesmo modo, a dupla moral sexual que, sob o estrito controle desses valores, encerrava a mulher no mundo privado da casa e da vida doméstica, permitindo ao homem, destinado a projetar-se na esfera pública, uma liberdade na vida privada que era negada à mulher, foi também perdendo pouco a pouco sua força normativa. Formas tradicionais de conduta masculina, como as experiências sexuais da juventude, valorizadas enquanto prova de virilidade e admitidas inclusive no recesso do próprio lar — tendo como parceiras mulheres de condição social inferior, herança, ainda, da sociedade escravocrata —, ou a tolerância para com a infidelidade conjugal após o casamento, passaram a ser inevitavelmente postas em questão, na reivindicação de maior liberdade feminina e maior igualdade entre os sexos, a partir da progressiva incorporação da mulher ao mercado de trabalho, em tempos feministas de emergência do Women's Lib. É em face da concorrência desses novos padrões valorativos que se aprofunda a crise moral nas instituições religiosas católicas, já sem força para impor de modo unívoco uma ética que reinara inconteste quase até meados do século, na sociedade brasileira ainda tradicional. Assim, seria a ameaça representada pela aids, mais que os esforços das igrejas nesse sentido, que traria de volta à ordem do dia valores como a fidelidade conjugal e a própria instituição do matrimônio, aparentemente de novo em moda entre a juventude yuppie das classes médias urbanas.

É claro que, no plano institucional, os conservadores, dentro e fora da Igreja, continuaram a lutar com palavras e obras, sermões, campanhas, bulas papais e lobby político, contra o divórcio, pilar da moral familiar em que se assentou por décadas o catolicismo no período. Perdida porém essa batalha, sua luta agora se estende ao aborto, encontrando inesperados aliados entre os adeptos de novas religiosidades que, contemporâneas ao surgimento dos movimentos ecológicos, dividem sua lealdade entre as reivindicações modernas da liberação feminina e a sabedoria mais antiga de religiões de outros povos, essencialmente centradas no valor da vida. Mas a atitude conservadora defensiva não é privilégio católico, já que também os protestantes assumem posições semelhantes, como foi demonstrado pela atuação da "bancada evangélica" nos trabalhos da Assembleia Nacional Constituinte. Entretanto, o êxito de tais iniciativas parece ser apenas modesto, a se julgar pela grita contra a degeneração dos costumes que se levanta a cada nova ofensiva legislativa mais liberal em relação a essas matérias, ou mesmo contra os meios de comunicação de massa, em especial a televisão, a cada telenovela que, aos olhos dos conservadores, parece se entregar a uma exibição desenfreada da sexualidade, em detrimento de uma formação moral saudável das novas gerações.

Todavia, escancaradas as portas a uma nova moral a partir do surgimento desses novos padrões de sexualidade, era inevitável que as figuras do sagrado fossem perdendo, e de modo cada vez mais profundo, sua função como modelos normativos na determinação das condutas na vida privada. Mesmo na esfera mais interior da existência em que se define para os indivíduos sua identidade como seres humanos sexuados, os padrões aos poucos se deslocam de um universo social de valores tradicionalmente admitidos, no qual características físicas e formas de conduta convencionais eram definidas sem ambiguidade, determinando a distinção entre o masculino e o feminino, para um plano íntimo da consciência, em que a identidade sexual se redefine, para além das funções biológicas ou das convenções sociais, como uma questão de escolha individual no uso do corpo e dos prazeres. Assim, a homossexualidade deixa paulatinamente de ser encarada como patologia física ou moral, "contra Deus" e "contra a natureza", como costuma caracterizar ainda hoje um preto-velho de terreiro — cujo *cavalo* é ele próprio homossexual — as práticas sexuais de alguns de seus devotos, na continuidade estabelecida pela entidade entre um imaginário dos tempos da escravidão, de que seria originária, e o mundo contemporâneo, revelada nesses padrões de uma moral tradicional segundo os quais julga a conduta de filhos de santo que nem por isso deixam de explicitar suas preferências sexuais. De fato, adornos masculinos, como brincos e pulseiras, bem como roupas enfeitadas, há muito deixaram de levantar suspeitas de homossexualidade, no terreiro assim como, de um modo geral, na sociedade brasileira.

Na verdade, todo esse movimento de abertura liberalizante no domínio da moral que gradativamente vai ganhando a sociedade no período encontra ressonâncias profundas nos meios religiosos afro-brasileiros. Religiões de possessão, em que a dança e o canto são elementos essenciais dos cultos, elas sempre tiveram com relação ao corpo uma postura muito distinta da tradicional denegação cristã que, incorporando em benefício de uma nova fé os ensinamentos platônicos, sempre viu na encarnação uma queda, considerando o invólucro corpóreo da alma fonte de sofrimento ou perdição que faz do *soma* (corpo) *sema* (sepultura). No candomblé e na umbanda, o corpo é um mediador essencial graças ao qual, no transe, os deuses e os espíritos tutelares descem à terra para festejar com os homens, *incorporados* nos seus filhos, *cavalos* de que eles se apossam, corpos dóceis que se entregam à celebração do sagrado com a força e a alegria selvagem da própria vida. Ademais, nessas religiões, a identidade do indivíduo é sempre uma questão em aberto, porque estritamente vinculada ao plano cósmico em que é reconhecido seu vínculo com uma divindade. Desse modo, não é essencial que um homem seja filho de um orixá masculino, tal como uma mulher não é necessariamente filha de uma *iaba*, sendo a identidade sexual de ambos determinada tanto pela sua constituição biológica como pelo santo que rege sua cabeça. Assim, a figura do *adé*, o homossexual, é considerada perfeitamente normal nos terreiros.[139]

Além disso, o colapso da moral familiar, que tanto desestruturou o domínio católico ou protestante sobre a conduta privada dos fiéis, não teve o mesmo efeito no interior das religiões afro-brasileiras, e por duas razões. Primeiro porque, constituindo originariamente religiões de clãs, nações e grupos étnicos, elas sempre operaram, tanto em suas construções cosmológicas como em suas formas organizacionais, com base em estruturas de parentesco muito mais amplas, que jamais se confundiram com a família nuclear burguesa, modelo inextricavelmente imbricado na moralidade familiar cristã. Por outro lado, a família de santo de que vem a fazer parte um iniciado é uma reconstrução simbólica, mítica e ritual, do sistema de parentesco que une e opõe entre si os deuses e seus filhos na terra, sendo integrada por indivíduos que apenas esporadicamente têm também entre si vínculos de sangue. A segunda razão é de ordem histórica, já que, saídas do universo da escravidão e constantemente perseguidas ou desqualificadas pela Igreja e pelas elites ao longo de séculos, era natural que as religiões afro-brasileiras contassem, entre seus sacerdotes e adeptos, com pessoas oriundas dos segmentos mais desprivilegiados da sociedade, tendo só em tempos relativamente recentes incorporado também indivíduos das classes médias urbanas e intelectuais. Para os negros pobres herdeiros da moral da senzala de onde se originaram essas religiões, o modelo burguês da moralidade familiar dominante na vida social nunca teve o mesmo sentido que para aqueles que o erigiam em paradigma da conduta na vida privada.

Contudo, não é só no plano da moralidade que as transformações que têm lugar na vida social e no campo religioso trazem consequências para a esfera do privado, incidindo também sobre os hábitos individuais e familiares, as formas de sociabilidade e os ritos da intimidade. Assim, a frequência à missa dominical ou a participação nas grandes celebrações do calendário litúrgico católico, que desde os tempos coloniais sempre foram ocasião de exibição de prestígio social, riqueza e poder, e que conservaram ainda no meio rural uma importante função de sociabilidade, oferecendo a pessoas isoladas em núcleos familiares distantes a oportunidade do encontro, facilitando negócios e trocas, e criando para os jovens a possibilidade do flerte, do namoro e de um futuro casamento,[140] perdem progressivamente sua importância, à medida que avança o processo de urbanização e modernização da sociedade brasileira. Em seu lugar, é a missa, a oração cotidiana e mesmo as grandes cerimônias litúrgicas, como a bênção do papa por ocasião do Natal ou da Páscoa, que vêm aos fiéis, como realidade sonora primeiro, graças ao rádio e, depois, ao vivo e em cores, pela televisão. Num lar devoto, isso acabaria por propiciar tanto um estreitamento dos laços familiares como, no mais das vezes, uma forma conveniente de se desincumbir de uma obrigação herdada de um outro tempo, como um hábito de infância, para o catolicismo meramente formal de muitos dos que, nos censos, se declaram católicos praticantes. Quanto aos jovens, já não são mais necessárias as missas e festas litúrgicas como ocasião de encontro, substituídas pela sessão de cinema ou o passeio nos shopping centers. É contra esse pano de fundo que se compreende o quanto é significativa, da perspectiva da vida privada, a renovação que os grupos carismáticos pretendem introduzir no interior do catolicismo. Reiterando o valor da experiência íntima do sagrado, a fé, impregnada agora de um novo fervor, se transforma em celebração interior e, ao mesmo tempo, comunitária, nesses grupos que se reúnem em torno de práticas devocionais de cunho doméstico, as novenas rezadas de casa em casa ou a peregrinação de uma imagem milagrosa pela vizinhança, tentando reatar no plano do sagrado os laços de solidariedade familiar e vicinal ameaçados de ruptura pelo progressivo isolamento do indivíduo.

Por outro lado, se mudam às vezes de forma radical alguns hábitos e formas de conduta dos fiéis pela adesão à mensagem evangélica difundida pelas igrejas do pentecostalismo de conversão "neoclássico" — as vestimentas sóbrias padronizadas para homens e mulheres no culto dominical, o corte do cabelo e o penteado que passam a se conformar a um mesmo estilo uniforme, estranho às modas do momento, ou a recusa de continuar a participar de redes de sociabilidade que davam ocasião a divertimentos profanos e deixar-se influenciar pelos meios de comunicação de massa que os difundem, junto com valores morais tidos como nefastos, como no caso da televisão —, o "neopentecostalismo" das igrejas evangélicas contemporâneas exige bem menos dos seus fiéis, em termos do que deve ser deixado para trás ao se aceitar o Cristo Salvador. Nem por isso, entretanto, ele deixa de propiciar novos hábitos aos seus adeptos, levando-os a engajar-se também em outras redes de sociabilidade. Como em outras igrejas evangélicas, mas sobretudo no caso da Igreja Universal do Reino de Deus, a extensão da rede física dos locais de culto, com suas portas sempre abertas e seus pastores disponíveis em diversos horários diários para a pregação e a oração comunitária dos fiéis, faz com que, em muitos locais, sua presença seja mais visível até mesmo que a dos templos católicos. Sem depender, como eles, da tradição histórica que fixou sua localização em lugares hoje muitas vezes engolidos pela expansão urbana, esses templos evangélicos, de implantação recente e situados em pontos estratégicos que já contavam anteriormente com a frequência do público, hoje oferecem o espetáculo insólito de pessoas que saem apressadas dos escritórios à sua volta, mesmo no centro da cidade, para, aproveitando o horário de almoço ou no final do expediente, se dirigir aos locais de culto evangélico e ouvir a palavra de Deus. Em geral, não são estes os templos frequentados por tais pessoas nos cultos dominicais, a que assistem, junto com a família, em igrejas próximas ao seu local de moradia, integradas em redes de vizinhança que transformam o agrupamento de fiéis em uma verdadeira comunidade religiosa, da qual participam pessoas próximas e conhecidas, a exemplo do que acontece com os grupos carismáticos dentro da Igreja católica. No entanto, distantes do ambiente doméstico da família e da vizinhança, esses templos situados em locais de grande movimento respondem, para os fiéis, a uma demanda individual pelo sagrado que deve acomodar-se ao ritmo vertiginoso da cidade movida pelo capital e a necessidade do trabalho, ao mesmo tempo que recriam para eles, diante do anonimato em que se perdem, na voragem da vida urbana, um certo ar de família, na cumplicidade silenciosa que passam a manter com os demais fiéis, com os quais, em hora certa, voltam a encontrar-se a cada dia, às vezes sem jamais se falar. Desse modo, aglutinando ao seu redor uma rede frouxa de sociabilidade à qual acabam por integrar-se os fiéis, esses templos se inscrevem na lógica do *pedaço*,[141] recriando para seus frequentadores um novo sentido de pertencimento à cidade. Assim se revelam as inúmeras mediações que, no domínio do sagrado, se interpõem entre o indivíduo e a vida social mais ampla, demonstrando que, diante da realidade urbana, a vida privada não se confina apenas num isolamento individualista, mas, ao contrário, se estende para além da esfera doméstica, nos limites da casa e do círculo familiar.

Da mesma forma, tal como acontece no universo evangélico, também a nova legitimidade conquistada pela umbanda e, mais recentemente, pelo candomblé estende para além das fronteiras do terreiro novos e velhos hábitos ou formas de sociabilidade de seus adeptos, que ganham nova visibilidade social. A revalorização dessas religiões afro-brasileiras e, em especial, o novo significado atribuído às suas origens africanas dão lugar a uma verdadeira transformação no estilo de vida dos fiéis. Vestimentas ostensivamente coloridas, batas, gorrinhos e panos da costa em tecido africano, fios de conta de pedras e cerâmicas importadas, cabelos à moda "afro", de corte geométrico ou em *dreadlocks*, passam a ser exibidos nos terreiros por ocasião dos *toques*, e migram dali para a danceteria, a lanchonete ou o bar mais próximos, orgulhosamente fundidos com outros símbolos de afirmação de identidade étnica, numa época em que começam a surgir e depois consolidar-se os movimentos negros.

Todavia, diferentemente do que ocorre em outras religiões, o pertencimento ao universo religioso afro-brasileiro incide de modo muito mais direto sobre a vida privada dos seus adeptos, exigindo a observação de formas de conduta específicas que alteram significativamente a rotina do seu cotidiano. A começar pelo próprio ritual de iniciação, que exige o recolhimento do iaô por 21 dias na camarinha do terreiro, suspendendo durante esse tempo qualquer atividade, familiar, profissional ou de outro tipo, a que se entregue habitualmente. Depois, como parte da própria iniciação, há toda uma série de prescrições e restrições alimentares que acompanham o tempo do rito, de acordo com o que é considerado *ewó* do santo, ou seus tabus, que retraduzem para o plano do cotidiano episódios dos mitos por meio dos quais se caracterizam atributos, qualidades e idiossincrasias dos orixás, que os iniciados fazem seus, ao se tornar seus filhos. A partir de então, pelo resto de sua vida, esses tabus deverão ser respeitados, sob pena de provocar a *quizila* do santo para com aquele a quem deveria proteger.

Mesmo após o término do tempo ritual de recolhimento do iniciado, toda uma série de comportamentos prescritos é dele esperada no período de *resguardo* que, tal como o de uma parturiente, se estende por um tempo que varia, nos terreiros, de quarenta dias a alguns meses: o uso obrigatório da roupa branca e do *quelê*, o pesado colar que recebe durante a iniciação, e que deve ser levado enrolado em um lenço ao redor do pescoço, a obrigação de comer e beber em vasilhame simples de ágata branca, sentado em uma esteira no chão ou em um pequeno banco de altura menor que a das cadeiras de uma casa, a interdição do uso de talheres, que o obriga a comer com as mãos, a proibição de manter relações sexuais, a obrigação de nunca deixar descoberto o *ori*, a cabeça que foi inteiramente raspada durante a iniciação, mantendo-a protegida por um boné ou, no caso das mulheres, envolta no pano da costa enrolado em turbante, para evitar que seja exposta ao calor do sol ou ao sereno da noite, o que impõe ao iniciado a obrigação de recolher-se ao pôr do sol. Assim se adquire todo um conjunto de hábitos relativos ao trato com o corpo, cujos efeitos incidem de forma imediata sobre a alma ou, de modo mais preciso, sobre a totalidade da (nova) pessoa que passa a existir a partir do rito de iniciação, ao fim do qual, tendo adquirido uma outra identidade, recebe até mesmo um outro nome ritual, seu nome-no-santo.[142]

Mesmo para o não iniciado, cliente de um terreiro de candomblé, a realização de rituais simples exige dele uma consciência do próprio corpo como sede do sagrado que é inteiramente estranha à sua experiência cotidiana de vida. De fato, após uma prática divinatória corrente no candomblé utiliza-

Terreiro de Ogum em Salvador.

da para identificar a causa espiritual de algum problema pessoal, de ordem física, afetiva, familiar ou mesmo profissional e material,[143] o consulente pode ser aconselhado a submeter-se a um *ebó*, ritual de *limpeza* comumente requerido para *descarregar* o indivíduo de energias estranhas àquelas que lhe são próprias em razão de sua filiação cósmica ao domínio do seu orixá, e que, sobrecarregando-o, podem provocar desequilíbrios que resultam em doenças físicas e psíquicas ou, de modo geral, em empecilho à realização de seus projetos e suas tarefas cotidianas. Em situações mais graves, o consulente poderá ser solicitado a dar um *bori*, a oferta ritual de um sacrifício à sua *cabeça*, correspondendo já a um começo de iniciação na religião, uma vez que se destina a reforçar as próprias energias da pessoa, selando por meio do *ori* (cabeça) sua aliança com o sagrado de que é parte, a força cósmica do orixá *dono* de sua cabeça. Mesmo nesses ritos mais simples, se requer daquele que a eles se submete, ainda que de forma mais branda ou por um tempo menor, o respeito a prescrições e tabus rituais exigidos do iniciado, como as proibições alimentares e de ingestão de bebidas alcoólicas, a interdição da sexualidade e a obrigatoriedade do uso de roupas brancas, ou pelo menos claras, além do *contra-egum*, fina tira de palha da costa trançada que é amarrada apertada no braço, e que deve protegê-lo da influência nefasta dos espíritos dos mortos.

Para o cliente do terreiro assim como para o iniciado, o que está em jogo é uma complexa cosmologia ordenada em torno da noção de *axé*, força cósmica que impregna e dá forma a cada coisa e a cada criatura existente no mundo — pedra, água, terra, planta, vento, folha, fogo, chuva, bicho ou ser humano —, fazendo do rito um instrumento de troca do *axé* entre o homem e a totalidade do cosmos, segundo a lógica do dom e do contradom.[144] A participação em um ritual significa, portanto, a *abertura* do corpo humano a esse influxo de energias cósmicas, e assim se compreende que ele deva ser preservado também da carga nefasta e indesejada que poderia atingi-lo nesse processo. Daí a incisão feita na cabeça do iniciado — a *abertura da cura* — mas também a obrigação do resguardo do *ori*, mantendo a cabeça sempre coberta. Daí também as interdições alimentares e sexuais, independentemente de se tratar de um iniciado ou simples consulente a quem foi prescrito um *ebó*. Daí, por fim, a regra que interdita a uma mulher menstruada, período em que está com o corpo *naturalmente aberto*, o acesso ao quarto de santo ou não lhe permite *redobrar* ritualmente a abertura do corpo, submetendo-se a um *ebó*.

Todo esse conjunto de práticas rituais literalmente molda, para o iniciado, seu corpo como veículo do sagrado e, com ele, recria sua própria identidade. Graças aos hábitos que assim vão sendo adquiridos, ele passa a ter de si mesmo uma visão distinta — de seu corpo físico, de sua vida psíquica, de seus problemas cotidianos e de seus relacionamentos pessoais, familiares, afetivos ou profissionais — e que se reitera nas obrigações rituais que passam a incumbir-lhe a partir da iniciação, como voltar periodicamente à casa do pai de santo onde se encontra o *assentamento* de seu orixá para limpá-lo, ou celebrar festivamente a cada ano a data de sua iniciação, verdadeira comemoração de aniversário, já que assim se marcam os anos decorridos desde o "nascimento" do *seu* orixá, bem como a progressão do filho de santo nas etapas de iniciação nos segredos da religião, correspondendo a um processo contínuo de construção de sua própria identidade. Tudo isso representa uma interferência constante do tempo do sagrado, através do calendário ritual, no tempo comum dos afazeres cotidianos e sua rotina, tanto que o apoio da família e dos amigos se torna essencial para o cumprimento integral de todas as prescrições rituais, do recolhimento para um *bori* à iniciação e desta às *obrigações*, na festa de celebração do seu aniversário, sobretudo as maiores, como as de sete e catorze anos.

No entanto, nessa trajetória, o iniciado não está só. A iniciação o insere em uma rede de sociabilidade, na família de santo, que o obrigará a manter para com seus irmãos de santo — que participaram com ele do ritual de iniciação, no mesmo *barco* — e sobretudo para com os *mais velhos* — em termos de anos de iniciação — uma relação de reverente e incondicional respeito, na observância de uma hierarquia rígida de prestígio e poder que ordena a vida do terreiro. Em compensação, ao longo de sua trajetória *no santo*, isto é, em face das inúmeras obrigações que contrai para com o sagrado através da iniciação, e das quais terá de desincumbir-se, ele deverá poder contar com a ajuda de sua família de santo, caso a família consanguínea não possa auxiliá-lo a enfrentar as inúmeras despesas que a realização de tais encargos acarreta, da compra de roupas e objetos rituais aos animais do sacrifício, que depois serão redistribuídos a todos, nas grandes festas que se celebram nessas ocasiões.

É claro, porém, que esse é o preceito, a regra, que nem sempre correspondem necessariamente à realidade. Mesmo num agrupamento religioso firmemente estruturado como a família de santo, fundado em fortes laços obrigatórios de solidariedade, já que legitimados no plano do sagrado, se fazem sentir os efeitos desagregadores do individualismo que acompanham o processo de modernização da sociedade brasileira. É comum ouvir nos terreiros queixas constantes do pai de santo contra seus filhos nem sempre disponíveis para ajudar na manutenção da casa ou vir em socorro de um irmão de santo em dificuldade, sendo então outras as pessoas, de fora da casa — amigos ou clientes de posição social mais alta, geralmente elevados à condição honorífica de *ogans*, *ekedes* ou *obás* da casa, auxiliares do culto ou conselheiros eméritos —, que são chamadas a realizar essas tarefas. De qualquer modo, um filho de santo sempre poderá contar com a solidariedade irrestrita de seu pai de santo, que muitas vezes acolherá e abrigará no terreiro, por meses a fio, toda a sua família, numa situação de emergência do cotidiano dos pobres como o desabamento de um barraco na favela, o despejo da casa cujo aluguel não foi pago, ou simplesmente o desemprego do pai ou da mãe de família. Também para as pessoas enfermas sozinhas ou abandonadas pela família, como ocorre com frequência com os portadores do vírus da aids ou com os que manifestam essa doença, o terreiro pode representar o último refúgio onde encontram acolhida e solidariedade até a morte. Ao mesmo tempo, a incorporação de não iniciados à vida do terreiro, na figura dos amigos beneméritos chamados a ajudar nas situações de necessidade, não é estranha à lógica do sistema de parentesco e à ideia da família extensa que sustenta a organização das atividades dessa família imaginária reinventada por meio do sagrado que é a família de santo.

Assim se vê como, de múltiplas maneiras, o pertencimento ao universo religioso afro-brasileiro afeta a vida privada de seus adeptos. Da reinserção em redes de sociabilidade que se constituem também em redes de solidariedade — tendo como modelo a família e também a ela se estendendo — à reconstrução integral da identidade através da iniciação e da série dos ritos que a completam, passando pelo aprendizado de novos hábitos cuja influência se explicita no pensar e no falar, no vestir-se ou no portar-se, com base em uma experiência interior avassaladora da sacralidade, graças ao transe, e que a inscreve na intimidade do próprio corpo, é toda a vida privada do indivíduo que é percorrida pelas figuras do sagrado. Ao mesmo tempo, no entanto, o terreiro é talvez, entre todos os locais de culto religioso, aquele em que o público e o privado mais se confundem, sob a lógica do espetáculo que ali preside aos ritos e às celebrações cerimoniais. De fato, o que ali se celebra é o que há de mais íntimo e privado nos indivíduos — sua identidade pessoal, transfigurada pela divindade, e o poder de cada filho de santo, no papel de *cavalo* de seu orixá, de pretos-velhos e caboclos, de dar corpo às figuras do sagrado, para que os deuses e os espíritos tutelares venham à terra cantar e dançar entre os homens. Entretanto, toda essa celebração, que diz respeito de forma exclusiva à interioridade mais íntima de cada indivíduo e simultaneamente à totalidade da ordem cósmica de que ele é parte, só revela seu significado profundo no ato de sua exibição pública, para dar a ver o poder e a alegria dos deuses ou o momento mais solene de afirmação da (nova) identidade de cada filho de santo, nas festas em louvor aos orixás ou que encerram cada etapa da iniciação dos homens no convívio íntimo com a vida dos deuses.

Contudo, essa característica, mais visível numa religião iniciática como o candomblé, põe em evidência uma dimensão da vida religiosa que mais de perto diz respeito ao domínio do privado, independente da confissão à qual cada um se afilia. Trata-se da sacralização do tempo, que todo rito religioso efetua e que constitui uma mediação essencial entre o público e o privado. Em toda sociedade, o nascimento, a entrada na vida adulta, o casamento ou a morte dão lugar a ritos de passagem, cujo final é quase sempre celebrado festivamente. Diferentes grupos humanos sempre reconheceram a necessidade de celebrar de forma solene esses momentos, mesmo quando não se acompanham de uma comemoração religiosa institucionalmente estabelecida. Em alguns agrupamentos sociais, podem-se mesmo celebrar efemérides intermediárias como os aniversários, natalícios ou de celebração de momentos de transição de status, como as bodas de prata ou de ouro que comemoram o casamento, tal como ocorre nas nossas modernas sociedades do mundo ocidental, onde o princípio da individualidade passa desde o Renascimento a dominar progressivamente a organização da vida social e a cultura. As religiões sacralizam esses momentos, servindo como elemento essencial de ordenação da vida privada, ao mesmo tempo que projetam de volta o indivíduo na vida social, permitindo ao ritual coletivo reiterar o significado íntimo da celebração e ao indivíduo reconstruir sua identidade social, ao ser colocado perante a sociedade em uma nova posição.

Batizado, crisma, primeira comunhão, casamento, missa de bodas de prata e de ouro, de corpo presente, de sétimo dia, de mês, de ano e de aniversário, são cerimônias que, no catolicismo, ungem com a bênção da sacralidade esses momentos de ruptura e transição. Também entre os evangélicos o batismo é a celebração de um novo nascimento, assim como a cerimônia do *bar mitzva* judeu constitui, para o jovem na entrada da adolescência, uma confirmação do seu pertencimento à comunidade, na reiteração das verdades da fé de seus ancestrais em que foi criado, à semelhança do ritual de crisma entre os católicos. E, se comemorações dessa natureza estão ausentes nas religiões orientais, nem por isso elas deixam de celebrar ritos funerários e em honra aos ancestrais, tal como ocorre em outras religiões tradicionais, ou simplesmente mais conhecidas, no Brasil. Nas religiões afro-brasileiras, a iniciação e o *axexé* são ritos mediante os quais os indivíduos passam a integrar-se à vida da coletividade religiosa e depois dela são dissociados, por ocasião da morte. Por influência do catolicismo, a umbanda também batiza seus filhos ou celebra seu casamento, em geral em ocasiões solenes, coincidindo com festas católicas, como a de são João, que batizou Jesus antes do início de sua pregação, ou datas comemorativas celebradas pelos negros como verdadeiras festas cívicas, a exemplo do que ocorre ainda hoje em muitas partes do território brasileiro no dia 13 de maio, em que se comemora a abolição da escravidão, ainda que os movimentos políticos negros tendam a desacreditar essa data, preferindo substituí-la pela celebração da memória de Zumbi dos Palmares.

A festa é, pois, indubitavelmente, a marca característica desses momentos de ruptura e transição. No Brasil, ao longo de sua história, a solenidade e as celebrações festivas sempre escandiram o registro do tempo da vida privada, nesses ritos domésticos e da intimidade, projetando-se igualmente como metáfora na vida pública, graças à celebração dos acontecimentos da vida privada dos grandes e poderosos deste mundo como eventos que dizem respeito à vida de toda a coletividade — do Reino primeiro, e depois da Nação —, ou dando lugar a celebrações privadas que constituíam ao mesmo tempo instrumentos de projeção pública dos indivíduos ou grupos sociais, como nas festas das irmandades e confrarias religiosas dos tempos coloniais. Assim, dada a tradição festiva das religiosidades no Brasil, talvez a festa seja ainda hoje, apesar de tudo, um bom indicador de mentalidade para pensar o lugar da religião na redefinição de fronteiras que as transformações da sociedade brasileira acabaram por produzir, permitindo-nos visualizar de uma perspectiva mais ampla as metamorfoses no sagrado, entre o público e o privado.

Mesmo no Brasil contemporâneo, são ainda as festas que permitem aos ritos da intimidade ser reprojetados no espaço público, criando, nessa trajetória, um processo contínuo de ressignificação do motivo original da celebração. Disso são exemplos as muitas manifestações culturais tidas como "folclóricas" e cujo fundamento religioso é na maior parte das vezes ignorado pelos espectadores que assistem aos belos espetáculos a que elas dão lugar, embora não pelos que delas participam diretamente. Batuques, candombes, congadas, moçambiques, catopês são ainda hoje quase por toda parte no Brasil expressões das metamorfoses de um catolicismo negro arcaico, assim como as folias de Reis e do Divino, junto com os guerreiros, os bois-bumbás e os pastoris nordestinos, guardam de modo mais ou menos explícito as marcas das cerimônias religiosas que a eles davam ocasião, nas celebrações das devoções tradicionais do catolicismo ou nas festas em louvor aos santos juninos e nos autos de Natal. De parte da vida pública, como ocasiões festivas de exibição ou espetáculo nas festas devotas e cívicas do catolicismo barroco colonial, essas manifestações hoje se transformaram praticamente em patrimônio familiar, como tradição piedosamente conservada pelo grupo doméstico, na família extensa, ou em redes de vizinhança integradas por conterrâneos, podendo se constituir, por isso mesmo, em poderosos instrumentos de afirmação coletiva de identidade. Nesse sentido, constituem hoje celebrações privadas que adquirem significação pública, já que se realizam na e por meio da intimidade doméstica do grupo familiar ou de vizinhança, ao mesmo tempo que conferem aos que delas participam uma nova forma de projeção, em termos de prestígio e de poder, no espaço social — ainda que este seja apenas o espaço restrito da rua, do grupo de vizinhança ou do bairro em que os celebrantes dessas alegres devoções são conhecidos.

Ao mesmo tempo, porém, o caráter público dessas festas projeta de volta seus efeitos sobre a vida privada dos que delas participam. Nessas devoções características do catolicismo popular, a realização das festas supõe que sejam previamente incluídas em um complexo cálculo de probabilidades, que envolve o rearranjo contínuo das tarefas sagradas e profanas de indivíduos ou de pequenas coletividades. Dada a dispersão dos membros que hoje integram grupos de foliões de Reis, ternos de congos ou moçambiques, graças às condições da vida moderna, muitas vezes marcada por uma trajetória de migração para os grandes centros urbanos, é a realização das festas o que lhes oferece a ocasião de refazer seus laços de solidariedade primária, reunindo famílias e conterrâneos, ou mesmo permitindo sua volta "para casa", que será sempre a do seu lugar de origem. Congadas levam migrantes mineiros, operários da grande indústria automobilística do ABC, de volta a pequenos municípios do sul do estado como Monsenhor Paulo ou Cordisburgo por ocasião das festas do Rosário ou de São Benedito, e a morte de um velho Rei de Congo que ficou para trás no processo migratório, firmemente ancorado no distante lugar de origem, pode fazer esses mesmos trabalhadores urbanos encarar de modo altivo a ameaça do desemprego, preferindo enfrentar a demissão sumária por abandono de serviço a faltar com sua obrigação em tal ocasião solene e dolorosa.[145]

Da mesma forma, a organização e apresentação de folias de Reis podem dar lugar a cada ano, entre dezembro e janeiro, a um intenso circuito de sociabilidade e reciprocidade, deslocando entre bairros pobres da periferia de uma grande metrópole e pequenas cidades interioranas grandes grupos familiares que, divididos pela migração, ainda são os que, lá e cá, permitem a realização da celebração devota. Na mesma categoria devem ser ainda pensadas as romarias tradicionais, a Juazeiro do Padre Cícero, a Aparecida do Norte, a Bom Jesus da Lapa ou Pirapora: também sua organização constitui quase sempre um empreendimento doméstico e familiar que se estende depois à vizinhança, no aluguel dos ônibus, caminhões ou mesmo cavalos que permitirão aos romeiros chegar ao santuário e comemorar na cidade o reencontro com conhecidos e amigos, na celebração de laços de afeto travados em suas excursões devotas anteriores. Em outra dimensão, é ainda uma reafirmação de pertencimento e reforço de laços de solidariedade comunitária o que se encontra em algumas celebrações religiosas oficiais do catolicismo. A procissão de Corpus Christi pode mobilizar uma cidade inteira na confecção do *tapete* de flores, serragem colorida e outros materiais heteróclitos com os quais se reinventa, na geografia do chão, o esplendor dos tecidos adamascados de colchas e toalhas que em antigos tempos coloniais enfeitavam as janelas das ruas por onde desfilaria, sob o pálio, o Corpo de Deus. Também a celebração da Semana Santa em Nova Jerusalém, que reconstitui no espaço de uma cidade cenográfica o grande drama da Paixão de Cristo, ou a festa do Círio de Nazaré em Belém do Pará, embora incluídas no calendário turístico oficial dos seus respectivos estados, nem por isso deixam de ser ocasiões de um reencontro festivo da família e de amigos distantes, que retornam para a festa, ainda que por um breve período, ou só para comer os pratos típicos preparados especialmente para essas ocasiões, a *comida branca* feita com leite de coco — arroz, feijão, o peixe e a verdura amarga — na Semana Santa pernambucana, o tacacá, a maniçoba e o pato no tucupi, que não podem faltar no banquete em família na celebração do Círio de Nazaré.[146]

Essas festas marcam momentos em que a religião transborda por sobre a vida social mais ampla e daí volta a refluir para a esfera do privado, reinventando outra forma de sacralidade, na celebração íntima do reencontro familiar e dos laços de amizade. No entanto, ancoradas em outras instituições, as celebrações festivas de caráter devoto podem também resultar em outros tipos de projeção social, que cada vez mais parecem pender para o lado profano, guardando apenas tênues vínculos com o motivo religioso da celebração, embora nem por isso percam seu significado de devoção para os que delas participam. Membros de ternos de congos ou foliões de Reis que se exibem num Festival Folclórico em Olímpia podem ter os olhos voltados para sua projeção na mídia e a esperança de um contrato com uma gravadora, ainda que também, e no mais das vezes, se interessem mesmo pelos prêmios em dinheiro, que permitirão a renovação das roupas e dos instrumentos do grupo, garantindo a sua continuidade. Da mesma forma, a apresentação dos bois-bumbás em Parintins, filhos longínquos dos autos devotos natalinos, cada vez mais transforma o Festival Folclórico da Ilha de Tupinambarana, na distante Amazônia, em um "espetáculo global", hoje transmitido pela TV para todo o país. Assim também, as festas juninas esvaziam o Congresso Nacional das bancadas nordestinas, ainda que os parlamentares talvez se empenhem menos em retornar às suas tradições religiosas de origem que em exibir os sinais exteriores de uma devoção que lhes poderá granjear preciosos votos nas eleições seguintes. Desse modo se evidencia que aqui também, como nas antigas celebrações festivas dos tempos coloniais, são tênues as fronteiras entre o sagrado e o profano, a devoção e o interesse, a vida pública e a vida privada.

Ao mesmo tempo, porém, no fulcro da tradição das religiosidades no Brasil, os ritos coletivos podem facilmente se transformar também em celebrações domésticas, de cunho

A festa católica e popular do Corpus Christi é relida e retraduzida a cada ano e em cada lugar. Nela, a serragem colorida forma tapetes de rua por onde passa a procissão.

familiar. Nossas festas propriamente modernas, celebrações de massa, típicas da sociedade de consumo, em que só de longe ressoam os ecos dos motivos religiosos da celebração, constituem, no entanto, ocasiões propícias para a comemoração da alegria, no convívio em família, mediado pela muito antiga lógica da reciprocidade que obriga ao dom e ao contradom, na troca de presentes. O Natal, apesar de tudo, ainda comemora o nascimento do Cristo, a Páscoa, sua ressurreição, e a celebração do Dia das Mães não por acaso foi escolhida no mês de maio, mês de Maria, Mãe de Deus e dos homens. No mesmo veio, ainda que em sentido inverso, nossas celebrações oficiais, e portanto laicas, num Estado e num país que se querem modernos, podem de repente se transformar em festas cívicas envoltas num halo religioso, marcando momentos em que a vida social adquire um caráter sagrado, ao serem vividos intensamente no plano individual, como experiência íntima, profunda e significativa. Como no nosso catolicismo barroco arcaico, a vida dos grandes e poderosos continua a ser motivo de celebração religiosa no Brasil. Todavia, ao contrário do que ocorria nos tempos coloniais, em que se comemorava a alegria do nascimento e dos desponsórios reais, hoje é sobretudo a morte que se transfigura em motivo de festa, capaz de projetar os ritos da intimidade na vida pública e, inversamente, converter o evento oficial em celebração íntima da dor, que transforma o luto em festa cívica, de Getúlio Vargas e Tancredo Neves ao cantor sertanejo Leandro, da dupla Leandro e Leonardo, passando por outros heróis como Elis Regina, Ayrton Senna ou os jovens Mamonas Assassinas. É que nesses heróis mediáticos se projeta uma identificação positiva de nós mesmos, de construção tão difícil num país marcado ao longo de tantas décadas recentes pelo signo da crise — econômica, política e social —, sob o qual se deu a modernização da sociedade brasileira.

Não é, pois, de estranhar, em contrapartida, que em tempos recentes as participações da Seleção Brasileira de futebol na Copa do Mundo tivessem transfigurado o evento desportivo em ritual que literalmente transformou e transtornou, de alto a baixo, do Oiapoque ao Chuí, a vida da nossa sociedade, interferindo de maneira direta na vida pública e privada de cada brasileiro. Nas ruas, a bandeira nacional se redesenhou de mil formas no chão das calçadas, nos muros das casas, suspensa aos edifícios mais altos, suas cores se transmutaram em camisetas, biquínis, chapéus, e enfeitaram rostos jovens de um outro tipo de *caras-pintadas*, inocentemente festivos, sem a tensão que, das Diretas Já ao impeachment do presidente Fernando Collor de Mello, fez do corpo marcado com as insígnias da Pátria a linguagem do protesto político. Sob o signo da festa desportiva, a bolsa de valores, os bancos, os estabelecimentos comerciais e as repartições públicas encerraram temporária ou antecipadamente suas atividades nos dias de jogo da Seleção Canarinho, e nas grandes cidades o trânsito se converteu em verdadeiro inferno nas horas que antecediam o início de cada partida, para depois dar lugar a uma calmaria de deserto, nas vias públicas abandonadas por motoristas, pedestres e até policiais, que corriam de volta às suas delegacias para, como quase todos os demais brasileiros, poder grudar os olhos na tela da TV. Então, cada um inventou seu próprio rito, criou suas próprias fórmulas mágicas, usando a mesma roupa, um anel, o sapato ou aquele chapéu usado no dia da primeira vitória, invocando seu santo mais forte, fazendo despacho em terreiro, e cada um amaldiçoou seu amuleto, renegou seu santo e seu orixá e proferiu impropérios contra o juiz, os jogadores ou o técnico da Seleção a cada falta marcada, a cada passe de bola que não deu certo, a cada ofensiva do adversário. Todos nós, cada um de nós se concentrava em um só objetivo, à espera de soltar aquele grito angustiado preso na garganta, ecoado por milhões de bocas brasileiras exultantes, quando finalmente se pudesse repetir com o locutor desportivo o tão desejado "GOOOOOOL!!! É do Brasil!!!". Depois, tudo dando certo, se Deus quisesse, a recepção dos heróis da Copa do Mundo deveria transformar a comemoração oficial em alegria interior de cada um, motivo de intenso sentimento íntimo de celebração, no orgulho do se saber brasileiro e de pertencer à Pátria — Pátria não, "Mátria", ou então Patriazinha, meiga e gentil, mãe amada Brasil, como cada um provavelmente diria no coração, em variações sutilíssimas do amor sobre o tema do poeta. Em algumas disputas, todavia, Deus não quis. E o silêncio das ruas, a cabeça baixa, a tristeza que se via estampada em cada rosto, refletindo uma dor íntima profunda, foram a contraprova da extensão do confuso sentimento de perda, pessoal e coletiva, que cada um experimentou nos dias fatídicos de derrota na Copa do Mundo em que a sorte, incerta e infiel, se voltou para o time adversário e não mais sorriu para a Seleção Brasileira. E, se nessas celebrações falta o motivo religioso explícito, não nos enganemos. As festas cívicas, desde os tempos da Revolução Francesa, sempre foram um instrumento privilegiado de metamorfose do sagrado, graças ao qual se procurou transferir da figura do rei a sacralidade que ele já tomara emprestada à celebração de Corpus Christi, e que a partir de então se encarnaria na Nação e na Pátria.[147]

Não surpreende, portanto, que os especialistas em questões de religião[148] se interroguem com razão se, no mundo moderno, o campo religioso é ainda o campo das religiões. Na sociedade brasileira contemporânea, não é só o evento desportivo na disputa da Copa do Mundo de futebol que recria no plano de uma sacralidade transfigurada o sentido íntimo do pertencimento e da celebração. Também as escolas de samba do Rio de Janeiro, num rito verdadeiramente religioso, conclamam seus membros a dar o melhor de si, antes do início do desfile, lembrando-lhes que vai entrar na avenida a nação mangueirense, do Salgueiro, da Viradouro ou da Beija-Flor. Assim também, as torcidas organizadas de futebol se reúnem sob o signo da nação corintiana, palmeirense,[149] do Mengo, do Grêmio ou do Atlético, não sendo portanto difícil entender por que, em 1984, o locutor desportivo Osmar Santos, no comando da enorme campanha nacional pela eleição direta para os cargos políticos majoritários, a cada comício reunia a diversidade do povo no sentimento de pertencimento a uma mesma pátria sob a bandeira dos times de futebol, explicitando assim a diferença e, apesar dela, o objetivo comum de todos os brasileiros: "Diretas Já!".[150] Da mesma forma, o pertencimento a um fã-clube de astro da mídia, como Xuxa ou Angélica, ou de um grupo musical de sucesso, funkeiro, rockeiro ou sambista de partido alto, poderá determinar modas e hábitos de consumo com características de culto idólatra e fetichista. Sem esquecer, em todo o mundo, como contraprova, os atos de violência ritual praticados contra as figuras desse novo imaginário de um sagrado do espetáculo, reinvenção do sacrifício expiatório das religiões, com ou sem motivo religioso explícito, como no assassinato de John Lennon ou no atentado ao papa, passando pela morte do presidente Kennedy para chegar à recompensa oferecida pelo assassinato de Salman Rushdie no Estado teocrático do Irã do aiatolá Khomeini.

No Brasil, longe dessa violência ritual, sob o signo da festa em que se redefinem os contornos do profano e do divino, do público e do privado, nas metamorfoses do sagrado, também o campo religioso em sentido estrito se redesenha como território de estranhas misturas, onde os efeitos modernos da laicização se fazem sentir, acarretando uma perda de influência das igrejas e o rearranjo constante de sua projeção na vida pública diante da ampliação do mercado dos bens de salvação, mas onde, ao mesmo tempo, elementos de religiosidade nitidamente pós-modernos, de caráter comunitário, típicos do novo *tempo das tribos*,[151] reinventam formas arcaicas de devoção, lançando-nos de volta ao passado em direção ao futuro. De fato, algumas práticas religiosas contemporâneas no Brasil não só redescobrem formas tradicionais de devoção e culto dos tempos coloniais como também incorporam e ressignificam práticas de outras religiões, de outros tempos ou de outras gentes, o que se evidencia no ressurgimento de religiosidades de fundo esotérico,[152] na nova presença das religiões orientais, como a redescoberta e reinvenção do hinduísmo, do xintoísmo e do budismo,[153] ou na invasão dos centros urbanos por religiões da floresta que se organizam em torno do culto do Santo Daime.[154]

Na verdade, nestes novos tempos de globalização, num mundo em que se pensaria a religião em declínio, e quando a civilização ocidental pareceria testemunhar seu triunfo definitivo, assiste-se ao que talvez se pudesse chamar de vingança da pós-modernidade, numa espécie de retorno do recalcado. Em todo o planeta, os países desenvolvidos do Ocidente hoje testemunham os efeitos da exportação de suas formas de organização social, seus regimes políticos, seus padrões e hábitos de consumo e suas religiões dominantes, com seus modos de regulação da vida privada, do cuidado do corpo à intimidade da alma, do estreitamento do círculo de relações do indivíduo à desagregação e reordenação das estruturas familiares. Engolindo em escala planetária todo espaço da diferença, submetendo os povos do mundo ao império de modelos que se repetem, monotonamente homogêneos, em toda parte, é no entanto do interior dessa civilização global, saindo de suas próprias entranhas, que hoje se assiste ao ressurgimento dessas religiões *outras* que ela parecia ter tragado no movimento vertiginoso de sua expansão, e que se reafirmam como uma das linguagens por excelência de expressão da diferença, constituindo ao mesmo tempo o epicentro de um processo de transformação igualmente vertiginoso, que completa nas sociedades contemporâneas o ciclo das metamorfoses do sagrado.

Essas novas/velhas religiosidades, orientais, esotéricas, "primitivas", arcaicas, ou simplesmente novíssimas, recém-inventadas sob o império de uma crise de civilização em escala global, hoje se difundem, transfiguradas, por toda a Terra, ressignificando-se em cada novo contexto ao qual são forçadas a adaptar-se. Assimiladas sobretudo — embora não só — num universo de classe média, elas começam a adquirir força de verdadeiros movimentos de massa, fragmentários e dispersos, porém agrupando comunidades lábeis que se fracionam e se rearticulam ao sabor de vicissitudes locais ou sob o efeito de onda de um movimento dissidente iniciado a milhares de quilômetros, em alguma parte do mundo. Talvez aqui, mais que em qualquer outro domínio das religiões no Brasil, se pudesse dizer que verdadeiramente opera a lógica do mercado, fazendo da escolha religiosa uma questão de opção ou simplesmente reinvenção individual, diante de um mundo visto como malévolo ou doente, ameaçado e ameaçador, do qual é preciso isolar--se para salvar-se. Aqui, só se pode contar com a autoajuda ou, no máximo, com a ajuda comunitária dos que partilham a mesma crença, fundada no entanto em cosmologias que agora se abrem para a totalidade da vida como um valor em si mesma. Tal como no universo de outras religiões iniciáticas ou de conversão, no qual muitas dessas religiosidades se inscrevem, também aqui a adesão acarretará, como entre os filhos de santo do candomblé ou os membros de grupos pentecostais evangélicos e da Renovação Carismática católica, uma reordenação profunda ou até mesmo integral da vida privada do novo adepto, reorganizando sua visão de si mesmo e de suas relações com os outros, ampliadas agora à escala cósmica, transformando suas práticas no cuidado de si, seus hábitos alimentares e suas redes de sociabilidade, sua compreensão dos próprios problemas interiores, suas formas íntimas de devoção, os cultos e ritos públicos de que participa, a partir de uma nova e intensa vivência do sagrado. Aqui, a sacralidade, que se inscreve no mais íntimo recesso do corpo e da alma e os transfigura, é alimento, saúde, limpidez, iluminação, gratidão, comunhão interior e benévola cumplicidade para com o fluir e o fruir da própria vida, na totalidade do cosmos.

Em contrapartida, se importamos do resto do mundo essas religiosidades globais, também em quase todo o mundo hoje podemos encontrar, no mercado planetário dos bens de salvação, produtos tipicamente nacionais, como os templos da Igreja Universal do Reino de Deus, solidamente implantados em Portugal, e os terreiros de umbanda e candomblé que hoje se difundem por toda parte na Europa e já começam a firmar presença nos Estados Unidos, às vezes em consórcio com outras religiosidades "exóticas", como o budismo tibetano,[155] as práticas terapêuticas xamânicas de origem indígena[156] ou os *toques de palo* dos imigrados cubanos de Miami. Por isso se compreende que, ao mesmo tempo que as instituições religiosas procuram renovar-se em termos organizacionais e expandir seu âmbito de atuação, conversamente, em escala local, as igrejas acabem por enrijecer-se ou fragmentar-se, apostando nos movimentos de caráter setorial, no caso do catolicismo ou algumas igrejas evangélicas, buscando uma nova projeção pública, em outros, ou simplesmente enfrentando uma incógnita quanto ao futuro, no caso das religiões afro-brasileiras, em face de um contexto de violência urbana que hoje representa para elas uma verdadeira ameaça. Entretanto, enquanto se estilhaçam as instituições, "longe das igrejas, perto da magia",[157] é a importância do sagrado que assim se reafirma, demonstrando que a religião na sociedade brasileira ainda é um elemento essencial na demarcação de fronteiras entre a esfera pública e a vida privada, num mundo que lentamente volta a reencantar-se.

NOTAS

1 Para uma primeira notícia histórica sobre a Aparecida, ver o relato do padre José Alves Vilela, datado de 1745, em E. HOORNAERT (org.), *História da Igreja no Brasil*, p. 350.

2 *Folha de S. Paulo*, 7/1/96.

3 *O Estado de S. Paulo*, 4/1/96.

4 L. LANDIM, *Sinais dos tempos*, P. MONTEIRO, "Magia, racionalidade e sujeitos políticos", *Revista Brasileira de Ciências Sociais*, São Paulo, out. 1994, ano 9, nº 26, e P. SANCHIS, "O campo religioso será ainda hoje o campo das religiões?", em E. HOORNAERT (org.), *História da Igreja na América Latina e no Caribe, 1945-1995*.

5 P. BOURDIEU, *A economia das trocas simbólicas*.

6 R. MARIANO, "Neopentecostalismo".

7 Devo a meus orientandos do Programa de Pós-Graduação em Antropologia Social do Departamento de Antropologia da Faculdade de Filosofia Letras e Ciências Humanas da Universidade de São Paulo (FFLCH-USP), em nível de doutorado e mestrado, boa parte da reflexão que aqui se apresenta. A Carlos Siepierski, de formação teológica protestante, e que realiza um interessante trabalho sobre a crescente presença evangélica na política, devo a maior parte da sistematização dos dados históricos sobre a evolução das novas igrejas do protestantismo moderno, bem como importantes *insights* sobre o seu significado. A Sidney Silva, membro do Centro de Estudos Migratórios e da Pastoral do Migrante, que pesquisa o significado das festas devotas como elemento de recriação de identidade entre imigrantes bolivianos em São Paulo, devo valiosas referências bibliográficas para uma visão interna das transformações recentes do catolicismo, bem como estimulantes discussões sobre alguns dos impasses com que se confronta o novo projeto de "inculturação" da Igreja católica. A Marcos Alvito de Souza, professor da Universidade Federal Fluminense, autor de um primoroso trabalho etnográfico sobre o significado da violência em Acari, devo a descoberta de todo um mundo de símbolos nos subúrbios cariocas, além do compartilhar constante de inquietantes surpresas diante das metamorfoses das religiões afro-brasileiras e do catolicismo popular, num contexto marcado pela presença do tráfico e o crescimento das igrejas pentecostais. Anteriormente, já havia aprendido a frequentar esse universo com minha orientanda de mestrado Ana Lucia Lopes, que realizou um interessante trabalho sobre os desafios enfrentados pela educação nesse mesmo contexto, estudando as escolas públicas de primeiro grau em Belford Roxo. A Jocélio Teles dos Santos, professor da Universidade Federal da Bahia, que pesquisa em Salvador o envolvimento de representantes de terreiros de candomblé e das elites políticas na criação de uma verdadeira mitologia da "Bahia negra", devo a atenção para com a significação sociopolítica mais ampla dos processos recentes de legitimação das religiosidades afro-brasileiras, bem

como a de alguns dos impasses com que hoje elas se confrontam. Aos meus orientandos de mestrado, Elisa Regina Gomes Torquato Salles e Cristina Rocha, devo, respectivamente, a reflexão sobre a continuidade do etos festivo do catolicismo e suas transformações na sociedade brasileira contemporânea, e relevantes informações sobre as metamorfoses das religiões orientais no contexto brasileiro atual. Em particular, a Ana Cristina Lopes devo o acesso a uma bibliografia internacional altamente especializada sobre o budismo tibetano que hoje, após a invasão chinesa do Tibete, se difunde por todo o mundo, assumindo características inesperadas no contexto brasileiro. A congruência dos dados de pesquisa sobre a violência no Rio de Janeiro com a situação encontrada, ainda que de forma menos visível, em São Paulo, me foi confirmada numa rápida pesquisa de campo "selvagem" — incidental — que compartilhei com Terezinha dos Santos Rosa, mãe-pequena do Ilê Axé Ossanyin, em São Paulo, e Ricardo Vieira de Carvalho, aluno do curso de Ciências Sociais da FFLCH-USP, aos quais, como aos outros, devo meus mais sinceros agradecimentos, ao mesmo tempo que ressalvo minha inteira responsabilidade pela utilização dos dados bibliográficos, de pesquisa documental e de campo que por eles me foram fornecidos.

8   D. STOLL, *Latin America is becoming Protestant*.

9   L. A. G. de SOUZA, "O novo e a novidade no 'mundo das crenças'", em L. LANDIM (org.), *Sinais dos tempos*.

10   P. SANCHIS, "O campo religioso será ainda hoje o campo das religiões?", em E. HOORNAERT (org.), *História da Igreja na América Latina e no Caribe, 1945-1995*.

11   C. GERTZ, *A interpretação das culturas*.

12   M. SAHLINS, "Cosmologias do capitalismo", *Religião e Sociedade*, vol. 15.

13   Desde meados do século XIX, diante de um processo acentuado de decadência, intensifica-se a tendência na Igreja à centralização do poder nas mãos do papa, cuja infalibilidade é reafirmada, produzindo-se igualmente uma supervalorização da moralização dos costumes e uma "espiritualização" do clero, enclausurado nas questões da Igreja e desligado dos problemas sociais e políticos. Esse seria um processo essencialmente vertical, incidindo sobre a organização interna do clero e guardando rigidamente as ordens estabelecidas.

14   R. AZZI, *A neocristandade*.

15   Idem, ibidem, p. 29.

16   P. RICHARD, *Morte das cristandades e nascimento da Igreja*.

17   R. AZZI, *A neocristandade*, pp. 105-28.

18   M. M. ALVES, *A Igreja e a política no Brasil*.

19   R. AZZI, *A neocristandade*, pp. 130-58.

20   Frei O. de Figueiredo LUSTOSA, *Presença da Igreja no Brasil*.

21   R. AZZI, *A neocristandade*.

22   M. M. ALVES, *A Igreja e a política no Brasil*.

23   L. BOFF, "Eclesiogênese", SEDOC, out. 1976.

24   E. HOORNAERT e outros (orgs.), *História geral da Igreja na América La-*

tina, t. II: *História da Igreja no Brasil*, e P. SIEPIERSKI, "(Re)(des)cobrindo o fenômeno religioso na América Latina", em E. HOORNAERT (org.), *História da Igreja na América Latina e no Caribe, 1945-1995*.

25 E. DUSSEL, "Sistema-mundo, dominação e exclusão", em E. HOORNAERT (org.), *História da Igreja na América Latina e no Caribe, 1945-1995*; A. F. PIERUCCI, "O povo visto do altar", *Novos Estudos — Cebrap*, São Paulo, 1986, nº 16.

26 E. de KADT, *Catholic radical in Brazil*; R. DELLA CAVA, "Igreja e Estado no Brasil do século XX", *Novos Estudos — Cebrap*, nº 12; M. M. ALVES, *A Igreja e a política no Brasil*, e S. MAINWARING, *Igreja católica e política no Brasil*.

27 R. DELLA CAVA e P. MONTEIRO, *E o Verbo se fez imagem*.

28 D. e K. KANAGHAN, *Católicos pentecostais*; e R. PRANDI, *Um sopro do espírito*.

29 L. R. BENEDETTI, "Igreja católica e sociedade nos anos 90".

30 M. M. ALVES, *A Igreja e a política no Brasil*, p. 46.

31 C. P. F. de CAMARGO (org.), *Católicos, protestantes, espíritas*, e C. T. SIEPIERSKI, "Os evangélicos e a política".

32 R. MARIANO, "Neopentecostalismo".

33 C. P. F. de CAMARGO (org.), *Católicos, protestantes, espíritas*.

34 Idem, ibidem.

35 E. WILLEMS, "Religious mass movements and social change in Brazil", em E. BLAKANOFF, *New perspectives of Brazil*.

36 Idem, ibidem, p. 224.

37 Idem, ibidem, p. 227.

38 C. T. SIEPIERSKI, "Os evangélicos e a política".

39 R. MARIANO, "Neopentecostalismo".

40 C. T. SIEPIERSKI, "Os evangélicos e a política".

41 P. FRESTON, *Fé bíblica e crise brasileira*.

42 A. F. PIERUCCI, "Representantes de Deus em Brasília", *Anpocs — Ciências Sociais Hoje*.

43 P. FRESTON, "Protestantes e política no Brasil", e R. MARIANO e A. F. PIERUCCI, "O envolvimento dos pentecostais na eleição de Collor", *Novos Estudos — Cebrap*, São Paulo, 1992, nº 34.

44 C. T. SIEPIERSKI, "Os evangélicos e a política".

45 A. F. PIERUCCI, "O povo visto do altar", *Novos Estudos — Cebrap*, São Paulo, 1986, nº 16.

46 A. RAMOS, *O negro brasileiro*.

47 S. F. FERRETTI, "Voduns da Casa das Minas", em C. E. M. de MOURA (org.), *Meu sinal está em teu corpo*.

48 R. BASTIDE, *As religiões africanas no Brasil*.

49 V. G. da SILVA, *Candomblé e umbanda*.

50 R. N. RODRIGUES, *O animismo fetichista dos negros bahianos*.

51 Contam-se, entre eles, casas de culto da Bahia ou no Maranhão, a exemplo da Casa Branca do Engenho Velho, o Gantois, e o Axé Opô Afonjá, em Salvador, e a Casa das Minas, em São Luís. As três casas de Salvador originaram-se de um mesmo núcleo religioso comum, o Ilê

Yiá Nassô ("Casa de Mãe Nassô"), cuja criação data de fins do século XIX e se deve a três ex-escravas africanas de origem ioruba, Adetá, Iyakala e Iyanassô. Membros da Irmandade de Nossa Senhora da Boa Morte, as três provavelmente dividiam entre si as tarefas de direção do culto africano, mas, com o seu falecimento, em gerações sucessivas, a disputa pela chefia da casa deu lugar a dissidências, de que se originariam outras duas famosas casas de santo, Iya Omi Axé Iyamase, o conhecido terreiro do Gantois, fundado por Maria Júlia da Conceição, e, mais tarde, o Ilê Axé Opô Afonjá, também originário de outra dissidência da casa de Iyanassô, criado em 1910 por Eugênia Ana Santos, brasileira filha de africanos, e Joaquim Vieira da Silva, africano que viera do Recife para Salvador (V. da Costa LIMA, "A família de santo dos candomblés jeje-nagôs da Bahia"; E. CARNEIRO, *Candomblé da Bahia*; D. M. SANTOS, *História de um terreno nagô*). Em São Luís, pesquisas históricas revelaram que desde finais do século XVIII a Casa das Minas teria sido o centro de difusão dos cultos dos voduns ligados à família real do Daomé, em razão de ter a rainha Agontime vindo parar no Maranhão, vendida como escrava após a derrota do rei seu marido, vencido por um rival (P. VERGER, "Uma rainha africana mãe de santo em São Luís", *Revista USP*, São Paulo, 1990, nº 6).

52 L. MOTT, "Cotidiano e vivência religiosa", em F. A. NOVAIS (org.) e L. de Mello e SOUZA (org.), *História da vida privada no Brasil*, vol. 1.

53 H. KOSTER, *Viagens ao Nordeste do Brasil* (1816), e T. EWBANK, *A vida no Brasil ou Diário de uma visita ao país do cacau e das palmeiras.*

54 L. de Mello e SOUZA, *O Diabo e a Terra de Santa Cruz.*

55 J. B. de Andrada e SILVA, *Projetos para o Brasil.*

56 L. M. SCHWARCZ, *O espetáculo das raças.*

57 R. N. RODRIGUES, *O animismo fetichista dos negros bahianos.*

58 R. MOURA, *Tia Ciata e a pequena África no Rio de Janeiro.*

59 Y. MAGGIE, *Medo do feitiço.*

60 M. de ANDRADE, *Macunaíma* e *A arte religiosa no Brasil.*

61 J. AMADO, *Capitães de areia* e *Jubiabá.*

62 L. M. SCHWARCZ, "Nem preto nem branco", em L. M. SCHWARCZ (org.), *História da vida privada no Brasil*, vol 4.

63 A. RAMOS, *O negro brasileiro.*

64 E. CARNEIRO, *Candomblés da Bahia* e *Religiões negras, negros bantos.*

65 R. BASTIDE, *Estudos afro-brasileiros* e *As religiões africanas no Brasil.*

66 P. VERGER, *Orixás* e "Uma rainha africana mãe de santo em São Luís", *Revista USP*, São Paulo, 1990, nº 6.

67 M. H. V. B. CONCONE, *Umbanda, uma religião brasileira*; R. PRANDI, *Os candomblés de São Paulo*; V. G. da SILVA, *Candomblé e umbanda*, e L. N. NEGRÃO, "A umbanda como expressão de religiosidade popular", *Religião e Sociedade*, Rio de Janeiro, 1979, nº 4.

68 L. N. NEGRÃO, "A umbanda como expressão de religiosidade popular", *Religião e Sociedade*, Rio de Janeiro, 1979, nº 4.

69 R. ORTIZ, *A morte branca do feiticeiro negro.*

70 C. P. F. de CAMARGO (org.), *Católicos, protestantes, espíritas*, pp. 173-4.

71 R. PRANDI, *Os candomblés de São Paulo*, e L. N. NEGRÃO, *Entre a cruz e a encruzilhada*.

72 C. P. F. de CAMARGO (org.), *Kardecismo e umbanda*.

73 J. do RIO, *As religiões no Rio*.

74 R. MOURA, *Tia Ciata e a pequena África no Rio de Janeiro*.

75 R. PRANDI, *Os candomblés de São Paulo*.

76 D. M. dos SANTOS, *História de um terreno nagô*.

77 V. G. da SILVA, *Candomblé e umbanda*.

78 M. L. MONTES, "Cosmologias e altares", em E. ARAÚJO e C. E. M. de MOURA (orgs.), *Arte e religiosidade no Brasil*.

79 R. F. THOMPSON, *Flash of the spirit*.

80 P. VERGER, *Orixás*.

81 V. G. da SILVA, *Candomblé e umbanda*.

82 C. GEERTZ, *A interpretação das culturas*.

83 J. BENCI, *Economia cristã dos senhores no governo dos escravos*.

84 G. FREYRE, *O mundo que o português criou*.

85 E. HOORNAERT, *Formação do catolicismo brasileiro*, e E. HOORNAERT e outros (orgs.), *História da Igreja no Brasil*.

86 M. de Moura CASTRO, *Ex-votos mineiros*.

87 Idem, ibidem, p. 341.

88 Apud idem, ibidem, p. 340.

89 Apud E. ARAÚJO (org.), *O universo mágico do barroco brasileiro*, p. 14.

90 Pe. A. VIEIRA, cit. por E. HOORNAERT e outros (orgs.), *História da Igreja no Brasil*, p. 351.

91 F. GUERRA, *Velhas igrejas e subúrbios históricos*, cit. por E. HOORNAERT e outros (orgs.), *História da Igreja no Brasil*, p. 354.

92 E. V. de CASTRO, "O mármore e a murta", *Revista de Antropologia*, São Paulo, 1992, vol. 35.

93 E. ARAÚJO (org.), *O universo mágico do barroco brasileiro*.

94 N. SEVCENKO, "A magia do barroco", em E. ARAÚJO (org.), *O universo mágico do barroco brasileiro*.

95 J. BURCKHARDT, *A cultura do Renascimento na Itália*.

96 C. GEERTZ, *A interpretação das culturas*.

97 M. L. MONTES, "Entre a vida comum e a arte", em E. ARAÚJO (org.), *O universo mágico do barroco brasileiro*.

98 M. L. DEL PRIORE, *Festa e utopia no Brasil colonial*.

99 L. da Câmara CASCUDO, *Dicionário do folclore brasileiro*.

100 J. SCARANO, *Escravismo e devoção*; F. K. LANGE, *A música nas Minas setecentistas*, e R. BASTIDE, *As religiões africanas no Brasil*.

101 L. G. MACHADO, *O barroco mineiro*.

102 M. L. MONTES, "1789", em *Atas do Congresso Imaginário e Política no Brasil*.

103 G. BALANDIER, *Modernidad y política*.

104 E. H. KANTOROWICZ, *Os dois corpos do Rei*.

105 M. L. DEL PRIORE, *Festa e utopia no Brasil colonial*.

106 A. ÁVILA, *O lúdico e as projeções do mundo barroco*.

107 S. F. MACHADO, *Triunfo eucharistico*, em A. ÁVILA, *Resíduos seiscentistas em Minas*.

108 R. DARNTON, *O grande massacre de gatos e outros episódios da Revolução Francesa*, e I. KANTOR, "Pacto festivo em Minas Gerais".

109 M. L. MONTES, "Entre a vida comum e a arte", em E. ARAÚJO (org.), *O universo mágico do barroco brasileiro*, pp. 365-72 e pp. 375-7.

110 L. M. SCHWARCZ, "As barbas do imperador".

111 Idem, ibidem, pp. 198-230.

112 C. P. F. de CAMARGO (org.), *Católicos, protestantes, espíritas*.

113 M. MEYER, "Tem mouro na costa, ou, Carlos Magno Reis de Congo", e *Caminhos do imaginário no Brasil*.

114 P. RIBEIRO e M. L. MONTES, *Maracatu*.

115 G. MOURA, "Ritmo e ancestralidade na força dos tambores negros".

116 R. C. FERNANDES, *Os cavaleiros do Bom Jesus*.

117 D. Antônio Mazzarotto, bispo de Ponta Grossa, carta pastoral, fev. 1931, apud R. AZZI, *A neocristandade*, p. 96.

118 Apud R. AZZI, *A neocristandade*, pp. 96-7.

119 Apud idem, ibidem, pp. 97-8.

120 Apud idem, ibidem, p. 98.

121 Apud idem, ibidem, p. 99.

122 Apud R. RIBEIRO, *Religião e relações raciais*, pp. 90-1.

123 M. QUERINO, *Costumes africanos no Brasil*.

124 M. WEBER, *A ética protestante e o espírito do capitalismo*.

125 M. ALVITO, "Um bicho de sete cabeças", em A. ZALUAR (org.), *Um século de favela*.

126 Idem, ibidem.

127 Idem, ibidem.

128 Z. VENTURA, *Cidade partida*.

129 Naturalmente, todos os relatos desta seção têm por base a experiência pessoal da pesquisadora, não pretendendo de forma alguma inovar na análise de um fenômeno já agora bastante conhecido, graças sobretudo aos estudos pioneiros de Alba Zaluar. A esse respeito, ver A. ZALUAR, *A máquina e a revolta*, *Condomínio do diabo* e "Para não dizer que não falei de samba", em L. M. SCHWARCZ (org.), *História da vida privada no Brasil*, vol. 4.

130 M. TAUSSIG, *Shamanism, colonialism and the wild man* e *The nervous system*.

131 P. CLASTRES, *A sociedade contra o Estado*.

132 M. MORAIS FILHO, *Festas e tradições populares do Brasil*.

133 R. MARIANO, "Neopentecostalismo".

134 L. S. TRINDADE, *Exu, poder e perigo*.

135 C. B. MCPHERSON, *A teoria política do individualismo possessivo*.

136 C. C. MACEDO, *Tempo de Gênesis*.

137 G. VELHO, *Individualismo e cultura*.

138 O. FERREIRA, *Os 45 cavaleiros húngaros*.

139 P. BIRMAN, "Identidade social e homossexualismo no candomblé", *Religião e Sociedade*, Rio de janeiro, 1985, nº 12.

140 A. C. de Mello e SOUZA, *Os parceiros do Rio Bonito*.

141 J. G. MAGNANI e L. de Lucca TORRES (orgs.), *Na metrópole*.

142 M. AUGRAS, *O duplo e a metamorfose*, e C.E.M. de MOURA (org.), *Meu sinal está em teu corpo.*

143 J. BRAGA, *O jogo de búzios.*

144 C.E.M. de MOURA (org.), *Olóòrisà.*

145 S.A. REILY, "Renuimo's fulião".

146 R. de Cássia AMARAL, "Festa à brasileira".

147 M. OZOUF, *La fête révolutionnaire.*

148 P. SANCHIS, "O campo religioso será ainda hoje o campo das religiões?", em E. HOORNAERT (org.), *História da Igreja na América Latina e no Caribe, 1945-1995.*

149 L.H. de TOLEDO, *Torcidas organizadas de futebol.*

150 M. MEYER e M.L. MONTES, *Redescobrindo o Brasil.*

151 M. MAFFESOLLI, *O tempo das tribos.*

152 J.G. MAGNANI, "O neoesoterismo contemporâneo", *Revista USP — Dossiê Magia*, São Paulo, nov. 1996, nº 28.

153 L. LANDIM (org.), *Sinais dos tempos.*

154 S.L. GOULART, "As raízes culturais do Santo Daime".

155 A.C. LOPES, "Histórias da diáspora tibetana", *Revista USP — Dossiê Magia*, São Paulo, nov. 1996, nº 28.

156 M. HARNER, *O caminho do xamã.*

157 R. PRANDI, "Perto da magia, longe da política", *Novos Estudos — Cebrap*, São Paulo, nov. 1992, nº 34.

BIBLIOGRAFIA

ALVES, Márcio Moreira. *A Igreja e a política no Brasil.* São Paulo, Brasiliense, 1979.

ALVITO, Marcos. "A honra de Acari". São Paulo, USP, 1997. Mimeo.

_____. "Um bicho de sete cabeças". In ZALUAR, Alba (org.). *Um século de favela.* Rio de Janeiro, Ed. da FGV, 1998.

AMADO, Jorge. *Capitães de areia.* Rio de Janeiro, Record, 1986.

_____. *Jubiabá.* Rio de Janeiro, Record, 1987.

AMARAL, Rita de Cássia. "Povo-de-santo, povo-de-festa — o estilo de vida dos adeptos do candomblé paulista". Dissertação de mestrado. São Paulo, USP, 1992.

_____. "Festa à brasileira — significados do festejar no país que 'não é sério'". Tese de doutorado. São Paulo, USP, 1998.

ANDRADE, Mário de. *Macunaíma.* São Paulo; Itatiaia, Martins, 1980.

_____. *A arte religiosa no Brasil.* São Paulo, Experimento, 1993.

ARAÚJO, Emanoel (org.). *O universo mágico do barroco brasileiro.* São Paulo, FIESP; Sesi, 1998.

_____ & MOURA, Carlos Eugênio Marcondes de (orgs.). *Arte e religiosidade no Brasil — heranças africanas.* São Paulo, Secretaria Estadual de Cultura; Pinacoteca do Estado, 1997.

AUGRAS, Monique. *O duplo e a metamorfose — a identidade mítica em comunidades nagôs.* Petrópolis, Vozes, 1983.

ÁVILA, Affonso. *Resíduos seiscentistas em Minas — textos do Século de Ouro e as projeções do mundo barroco.* Belo Horizonte, Centro de Estudos Mineiros; UFMG, 1967.

_____. *O lúdico e as projeções do mundo barroco.* São Paulo, Perspectiva, 1980.

AZZI, Riolando. *A neocristandade — um projeto restaurador.* São Paulo, Paulus, 1994.

BALANDIER, Georges. *Modernidad y poder — el desvío antropológico.* Madri, Edgar Júcar, 1988.

BASTIDE, Roger. *O candomblé da Bahia.* São Paulo, Nacional, 1978.

_____. *Estudos afro-brasileiros.* São Paulo, Perspectiva, 1983.

_____. *As religiões africanas no Brasil.* São Paulo, Pioneira, 1985.

BENCI, Jorge. *Economia cristã dos senhores no governo dos escravos* (1700). Porto, Livr. Apostolado da Imprensa, 1954.

BENEDETTI, Luiz Roberto. "Igreja católica e sociedade nos anos 90". São Paulo, s. d. Mimeo.

BIRMAN, Patrícia. "Identidade social e homossexualismo no candomblé". *Religião e Sociedade.* Rio de Janeiro, ISER; CER, 1985, nº 12, pp. 2-21.

BOFF, Leonardo. "Eclesiogênese — as Comunidades Eclesiais de Base reinventam a Igreja". *SEDOC,* out. 1976.

BOURDIEU, Pierre. *A economia das trocas simbólicas.* São Paulo, Perspectiva, 1974.

_____. *O poder simbólico.* Lisboa; Rio de Janeiro, Difel; Bertrand Brasil, 1989.

BRAGA, Júlio. *O jogo de búzios*. São Paulo, Brasiliense, 1988.

BRANDÃO, Carlos Rodrigues. *A festa do santo de preto*. Goiânia, Funarte; UFGO, 1985.

———. *Os deuses do povo — um estudo sobre a religião popular*. São Paulo, Brasiliense, 1986.

BURCKHARDT, Jacob. *A cultura do Renascimento na Itália*. São Paulo, Companhia das Letras, 1991.

CAMARGO, Cândido Procópio Ferreira de. *Kardecismo e umbanda*. São Paulo, Nova Fronteira, 1961.

———. (org.). *Católicos, protestantes, espíritas*. Petrópolis, Vozes, 1973.

CARNEIRO, Edison. *Candomblés da Bahia*. Rio de Janeiro, Civilização Brasileira, 1978.

———. *Religiões negras, negros bantos*. Rio de Janeiro, Civilização Brasileira, 1981.

CASCUDO, Luís da Câmara. *Dicionário do folclore brasileiro*. Rio de Janeiro, INEP; MEC, 1962.

CASTRO, Eduardo Viveiros de. "O mármore e a murta — sobre a inconstância da alma selvagem". *Revista de Antropologia*. São Paulo, USP, 1992, vol. 35.

CASTRO, Márcia de Moura. *Ex-votos mineiros — as tábuas votivas do ciclo do ouro*. Rio de Janeiro, Expressão e Cultura, 1994. Reprod. In ARAÚJO, Emanoel (org.). *O universo mágico do barroco brasileiro*. São Paulo, FIESP; Sesi, 1998.

CLASTRES, Pierre. *A sociedade contra o Estado*. Rio de Janeiro, Francisco Alves, 1982.

CONCONE, Maria Helena Vilas Boas. *Umbanda, uma religião brasileira*. São Paulo, USP; CER, 1987.

CORREA, Norton F. *O batuque no Rio Grande do Sul — antropologia de uma religião afro-rio-grandense*. Porto Alegre, Ed. da UFRS, 1992.

DARNTON, Robert. *O grande massacre de gatos e outros episódios da Revolução Francesa*. Rio de Janeiro, Graal, 1986.

DEL PRIORE, Mary Lucy. *Festa e utopia no Brasil colonial*. São Paulo, Brasiliense, 1994.

DELLA CAVA, Ralph. "Igreja e Estado no Brasil do século XX — sete monografias recentes sobre o catolicismo brasileiro". *Estudos Cebrap*. São Paulo, 1975, nº 12, pp. 5-52.

——— & MONTERO, Paula. *E o Verbo se fez imagem*. Petrópolis, Vozes, 1989.

DUSSEL, Enrique. "Sistema-mundo, dominação e exclusão — apontamentos sobre a história do fenômeno religioso no processo de globalização da América Latina". In HOORNAERT, Eduardo (org.). *História da Igreja na América Latina e no Caribe, 1945-1995 — o debate metodológico*. Petrópolis, Vozes, 1995.

EWBANK, Thomas. *A vida no Brasil ou Diário de uma visita ao país do cacau e das palmeiras* (1885). São Paulo; Belo Horizonte, Edusp; Itatiaia, 1976.

FERNANDES, Gonçalves. *Xangôs do Nordeste*. Rio de Janeiro, Civilização Brasileira, 1937.

FERNANDES, Rubem César. *Os cavaleiros do Bom Jesus — uma introdução às religiões populares*. São Paulo, Brasiliense, 1982.

FERREIRA, Oliveiros. *Os 45 cavaleiros húngaros*. São Paulo, Hucitec, 1986.

FERRETTI, Sérgio F. "Voduns da Casa das Minas". In MOURA, Carlos Eugênio Marcondes de (org.). *Meu sinal está em teu corpo*. São Paulo, Edicon; Edusp, 1988.

FRESTON, Paul. *Fé bíblica e crise brasileira*. São Paulo, ABU, 1992.

_____. "Protestantes e política no Brasil — da Constituinte ao impeachment". Tese de doutorado. Campinas, Unicamp, 1993.

FREYRE, Gilberto. *Casa-grande & senzala*. Rio de Janeiro, Maia & Schmidt, 1933.

_____. *O mundo que o português criou*. Rio de Janeiro, José Olympio, 1940.

GEERTZ, Clifford. *A interpretação das culturas*. Rio de Janeiro, Zahar, 1978.

GOULART, Sandra Lúcia. "As raízes culturais do Santo Daime". Dissertação de mestrado. São Paulo, USP, 1996.

GUERRA, Flávio. *Velhas igrejas e subúrbios históricos*. Recife, Prefeitura Municipal, 1970.

HARNER, Michael. *O caminho do xamã*. São Paulo, Cultrix, 1989.

HOORNAERT, Eduardo. *Formação do catolicismo brasileiro*. Petrópolis, Vozes, 1974.

_____ et alii (orgs.). *História geral da Igreja na América Latina*, t. II: *História da Igreja no Brasil — primeira época*. Petrópolis, Vozes, 1977.

_____. (org.). *História da Igreja na América Latina e no Caribe, 1945-1995 — o debate metodológico*. Petrópolis, Vozes, 1995.

KADT, Emmanuel de. *Catholic radicals in Brazil*. Londres, Oxford University Press, 1970.

KANAGHAN, Dorothy, & Kevin. *Católicos pentecostais*. Pindamonhangaba, O. S. Boyer, 1972.

KANTOR, Iris. "Pacto festivo em Minas Gerais — a entrada triunfal do primeiro bispo na Sé de Mariana". Dissertação de mestrado. São Paulo, USP, 1996.

KANTOROWICZ, Ernest H. *Os Dois Corpos do Rei — um estudo sobre teologia política medieval*. São Paulo, Companhia das Letras, 1998.

KOSTER, Henry. *Viagens ao Nordeste do Brasil* (1816). Rio de Janeiro, Nacional, 1942.

LANDIM, Leilah (org.) *Sinais dos tempos — igrejas e seitas no Brasil*. Rio de Janeiro, ISER, 1989 (Cadernos do ISER, nº 21).

LANGE, Francisco Curt. *História da música nas irmandades de Vila Rica*, vol. I: *Freguesia de Nossa Senhora do Pilar de Ouro Preto*. Belo Horizonte, Arquivo Público Mineiro, 1979.

LIMA, Vivaldo da Costa. "A família de santo dos candomblés jeje-nagôs da Bahia — um estudo de relações intergrupais". Salvador, UFBA, 1977.

LOPES, Ana Cristina. "Histórias da diáspora tibetana". *Revista USP — Dossiê Magia*. São Paulo, nov. 1996, nº 28.

LUSTOSA, frei Oscar de Figueiredo. *Presença da Igreja no Brasil*. São Paulo, Giro, 1977.

MACEDO, Carmen Cinira. *Tempo de Gênesis*. São Paulo, Brasiliense, 1986.

MACHADO, Lourival Gomes. *O barroco mineiro*. São Paulo, Perspectiva, 1991.

MACHADO, Simão Ferreira. *Triunfo eucharistico exemplar da christandade lusitana em publica exultaçaõ da fé na solemne trasladaçaõ do Divinissimo Sacramento da Igreja de Nossa Senhora do Rosario, para um novo Templo da Senhora do Pilar em Villa Rica, corte da capitania das Minas. Aos 24 de mayo de 1733. Dedicado á Soberana Senhora do Rosario pelos irmaõs pretos de sua irmandade e a instancia dos mesmos exposto á publica noticia por Simam Ferreira Machado, natural de Lisboa e morador das Minas*. In ÁVILA, Affonso. *Resíduos seiscentistas em Minas — textos do Século de Ouro e as projeções do mundo barroco*. Belo Horizonte, Centro de Estudos Mineiros, UFMG, 1967. Reprodução fac-similar.

MAFFESOLI, Michel. *O tempo das tribos*. Rio de Janeiro, Forense Universitária, 1987.

MAGGIE, Yvonne. *Medo do feitiço — relações entre magia e poder no Brasil*. Rio de Janeiro, Arquivo Nacional, 1992.

MAGNANI, José Guilherme. "O neoesoterismo contemporâneo". *Revista USP — Dossiê Magia*. São Paulo, nov. 1996, nº 28.

_____ & TORRES, Lilian de Lucca (orgs.). *Na metrópole*. São Paulo, Edusp, 1997.

MAINWARING, Scott. *Igreja católica e política no Brasil: 1916-1985*. São Paulo, Brasiliense, 1985.

MARIANO, Ricardo. "Neopentecostalismo — os pentecostais estão mudando". Dissertação de mestrado. São Paulo, USP, 1995.

_____ & PIERUCCI, A. F. "O envolvimento dos pentecostais na eleição de Collor". *Novos Estudos — Cebrap*. São Paulo, 1992, nº 34, pp. 92-106.

MCPHERSON, C. B. *A teoria política do individualismo possessivo*. Rio de Janeiro, Paz e Terra, 1979.

MEYER, Marlyse. "Tem mouro na costa, ou, Carlos Magno Reis de Congo". I e II Simpósios de literatura comparada. Belo Horizonte, UFMG, 1987.

_____. *Caminhos do imaginário no Brasil*. São Paulo, Edusp, 1993.

_____ & MONTES, Maria Lucia. *Redescobrindo o Brasil — a festa na política*. São Paulo, T. A. Queiroz, 1985.

MONTERO, Paula. *Da doença à desordem — a magia na umbanda*. Rio de Janeiro, Graal, 1985.

_____. "Magia, racionalidade e sujeitos políticos". *Revista Brasileira de Ciências Sociais*. São Paulo, out. 1994, ano 9, nº 26.

MONTES, Maria Lucia. "1789: O ideal republicano e o imaginário das Luzes". In *Imaginário e política no Brasil*. Belo Horizonte, Fundação João Pinheiro, 1993.

_____. "Cosmologias e altares". In ARAÚJO, Emanoel, & MOURA, Carlos Eugênio Marcondes de (orgs.). *Arte e religiosidade no Brasil — heranças africanas*. São Paulo, Secretaria Estadual de Cultura; Pinacoteca do Estado, 1997.

_____. "O erudito e o que é popular — estética negra e espetáculo de massa no desfile das escolas de samba". *Revista USP — Dossiê Sociedade de Massa e Identidade*. São Paulo, dez.-fev. 1996-97, nº 32.

MONTES, Maria Lucia. "Entre a vida comum e a arte — a festa barroca". In ARAÚJO, Emanoel (org.). *O universo mágico do barroco brasileiro*. São Paulo, FIESP; Sesi, 1998.

MORAIS FILHO, Melo. *Festas e tradições populares do Brasil*. Belo Horizonte; São Paulo, Itatiaia; Edusp, 1979.

MOTT, Luiz. "Cotidiano e vivência religiosa — entre a capela e o calundu". In NOVAIS, Fernando A. (dir.), & SOUZA, Laura de Mello e (org.). *História da vida privada no Brasil*, vol. 1: *Cotidiano e vida privada na América portuguesa*. São Paulo, Companhia das Letras, 1997.

MOURA, Carlos Eugênio Marcondes de (org.). *Olóòrisà — escritos sobre a religião dos orixás*. São Paulo, Ágora, 1981.

_____. (org.). *Meu sinal está em teu corpo*. São Paulo, Edicon; Edusp, 1989.

MOURA, Glória. "Ritmo e ancestralidade na força dos tambores negros — a pedagogia da festa nos quilombos contemporâneos". Tese de doutorado. São Paulo, USP, 1997.

MOURA, Margarida Maria. "A morte de um rei do Rosário". In MARTINS, José de Souza (org.). *A morte e os mortos na sociedade brasileira*. São Paulo, Hucitec, 1983.

MOURA, Roberto. *Tia Ciata e a pequena África no Rio de Janeiro*. Rio de Janeiro, Funarte; INM, 1983.

NEGRÃO, Lísias Nogueira. "A umbanda como expressão de religiosidade popular". *Religião e Sociedade*. Rio de Janeiro, 1979, nº 4, pp. 171-80.

_____. *Entre a cruz e a encruzilhada*. São Paulo, Edusp, 1996.

ORTIZ, Renato. *A morte branca do feiticeiro negro*. Petrópolis, Vozes, 1978.

OZOUF, Mona. *La fête révolutionnaire*. Paris, Gallimard, 1989.

PIERUCCI, Antônio Flávio. "O povo visto do altar — democracia ou demofilia". *Novos Estudos — Cebrap*. São Paulo, 1986, nº 16, p. 79.

_____. "Representantes de Deus em Brasília — a bancada evangélica na Constituinte". *Anpocs — Ciências Sociais Hoje*. São Paulo, Vértice; Anpocs, 1989.

PRANDI, Reginaldo. *Os candomblés de São Paulo*. São Paulo, Hucitec; Edusp, 1991.

_____. "Perto da magia, longe da política — derivação do encantamento no mundo desencantado". *Novos Estudos — Cebrap*. São Paulo, nov. 1992, nº 34, pp. 81-91.

_____. *Um sopro do Espírito*. São Paulo, Edusp; FAPESP, 1997.

QUERINO, Manuel. *Costumes africanos no Brasil*. Rio de Janeiro, Civilização Brasileira, 1938.

RAMOS, Arthur. *O negro brasileiro*. São Paulo, Nacional, 1938.

REILY, Suzel Ana. "Renuimo's fulião — um estudo etnomusicológico sobre as companhias de Reis na grande cidade". Tese de doutorado. São Paulo, USP, 1990.

RIBEIRO, Pedro, & MONTES, Maria Lucia. *Maracatu*. Recife, Secretaria Estadual de Cultura, 1998.

RIBEIRO, René. *Religião e relações raciais*. Rio de Janeiro, MEC, 1956.

RIBEYROLLES, Charles. *Brazil pitoresco*. Rio de Janeiro, Typ. Nacional, 1859.

RICHARD, Pablo. *Morte das cristandades e nascimento da Igreja*. São Paulo, Paulinas, 1982.

RIO, João do. *As religiões no Rio*. Rio de Janeiro, Organizações Simões, 1951.

RODRIGUES, Raimundo Nina. *O animismo fetichista dos negros bahianos*. Rio de Janeiro, Civilização Brasileira, 1935.

_____. *Os africanos no Brasil*. São Paulo, Nacional, 1977.

SAHLINS, Marshall. "Cosmologias do capitalismo". *Religião e Sociedade*, 10/12/92, vol. 16.

SANCHIS, Pierre. "O campo religioso será ainda hoje o campo das religiões?". In HOORNAERT, Eduardo (org.). *História da Igreja na América Latina e no Caribe, 1945-1995 — o debate metodológico*. Petrópolis, Vozes, 1995.

SANTOS, Deoscóredes Maximiliano dos (Mestre Didi). *História de um terreiro nagô*. Belo Horizonte; São Paulo, Itatiaia; Edusp, 1988.

SANTOS, Jocélio Teles dos. *O dono da terra — o caboclo nos candomblés da Bahia*. Salvador, Sarahletras, 1995.

_____. "Nação corretamente política?". São Paulo, USP, 1998. Mimeo.

SCARANO, Julita. *Devoção e escravidão*. São Paulo, Nacional, 1975.

SCHWARCZ, Lilia Moritz. *O espetáculo das raças — cientistas, instituições e questão racial no Brasil*. São Paulo, Companhia das Letras, 1993.

_____. "Nem preto nem branco, muito pelo contrário: cor e raça na intimidade". In SCHWARCZ, Lilia Moritz (org.). *História da vida privada no Brasil*, vol. 4 — *contrastes da intimidade contemporânea*. São Paulo, Companhia das Letras. 1998.

_____. "As barbas do Imperador — reflexões sobre a construção da figura pública do monarca tropical d. Pedro II". Tese de livre-docência. São Paulo, USP, 1998.

SEVCENKO, Nicolau. "A magia do barroco". In ARAÚJO, Emanoel (org.). *O universo mágico do barroco brasileiro*. São Paulo, FIESP; Sesi, 1998.

SIEPIERSKI, Carlos Tadeu. "Os evangélicos e a política". São Paulo, USP, 1997. Mimeo.

SIEPIERSKI, Paulo. "(Re) (des)cobrindo o fenômeno religioso na América Latina". In HOORNAERT, Eduardo (org.). *História da Igreja na América Latina e no Caribe, 1945-1995 — o debate metodológico*. Petrópolis, Vozes, 1995.

SILVA, José Bonifácio de Andrada e. *Projetos para o Brasil*. São Paulo, Companhia das Letras, 1998. Coleção Retratos do Brasil.

SILVA, Vagner Gonçalves da. *Candomblé e umbanda — caminhos da devoção brasileira*. São Paulo, Ática, 1994.

_____. *Orixás na metrópole*. Petrópolis, Vozes, 1995.

SOUZA, Antonio Candido de Mello e. *Os parceiros do Rio Bonito*. Rio de Janeiro, José Olympio, 1964.

SOUZA, Laura de Mello e. *O Diabo e a Terra de Santa Cruz*. São Paulo, Companhia das Letras, 1995.

SOUZA, Luiz Alberto Gómez de. "O novo e a novidade no 'mundo das crenças'". In LANDIM, Leilah (org.). *Sinais dos tempos — igrejas e seitas no Brasil*. Rio de Janeiro, ISER, 1989 (Cadernos do ISER, nº 21).

STOLL, David. *Latin America is becoming Protestant*. Berkeley, University of California Press, 1990.

TAUSSIG, Michael. *Shamanism — a study in colonialism, and terror and the wild man healing*. Chicago, The University of Chicago, 1987.

———. *The nervous system*. Nova York, Rutledge, 1992.

THOMPSON, Robert Farris. *Flash of the spirit — African art and religion in the Americas*. Nova York, Vintage Books, 1991.

TOLEDO, Luís Henrique de. *Torcidas organizadas de futebol*. Campinas, Ed. Autores Associados; Ampocs, 1996.

TRINDADE, Liana Sálvia. *Exu, poder e perigo*. São Paulo, Ícone, 1985.

VELHO, Gilberto. *Individualismo e cultura*. Rio de Janeiro, Zahar, 1981.

VELHO, Yvone Maggie Alves. *Guerra de orixá*. Rio de Janeiro, Zahar, 1975.

VENTURA, Zuenir. *Cidade partida*. São Paulo, Companhia das Letras, 1994.

VERGER, Pierre. *Orixás — deuses iorubás na África e no Novo Mundo*. Salvador, Corrupio; Círculo do Livro, 1985.

———. "Uma rainha africana mãe de santo em São Luís". *Revista USP*. São Paulo, 1990, nº 6, pp. 151-8.

VIEIRA, padre Antônio. *Sermão de santo Antônio pregado na cidade de São Luís do Maranhão no ano de 1654*. São Paulo, Melhoramentos, 1963.

WEBER, Max. *A ética protestante e o espírito do capitalismo*. São Paulo, Pioneira, 1967.

WILLEMS, Emilio. "Religious mass movements and social change in Brazil". In BLAKANOFF, Eric. *New perspectives of Brazil*. Nashville, Vanderbilt University Press, 1966.

ZALUAR, Alba. *A máquina e a revolta*. São Paulo, Brasiliense, 1986.

———. *Condomínio do diabo*. Rio de Janeiro, Revan; Ed. da UFRJ, 1994.

———. "Para não dizer que não falei de samba: os enigmas da violência no Brasil". In SCHWARCZ, Lilia Moritz (org.). *História da vida privada no Brasil*, vol. 4 — *contrastes da intimidade contemporânea*. São Paulo, Companhia das Letras. 1998.

SOBRE A AUTORA

MARIA LUCIA MONTES nasceu em Petrópolis em 1942. Estudou Filosofia na USP, onde, depois do bacharelado, lecionou Filosofia Antiga por um ano, indo então para a França para completar sua formação com um *Doctorat de 3e. cycle* sobre o Estoicismo. Os eventos de maio de 1968 e o AI-5 representaram um ponto de inflexão, que a levaram para a Inglaterra, onde obteve um mestrado em Sociologia na Universidade de Essex. Chamada de volta à USP em 1973, lecionou no curso de Ciências Sociais e obteve um doutorado em Ciência Política. Em 1989 passou a integrar o Departamento de Antropologia, até sua aposentadoria em 1995. Desde então trabalha com museus, exposições e edição de livros de arte.

ÍNDICE REMISSIVO

I Sínodo da Arquidiocese de São Sebastião do Rio de Janeiro, 62

II Congresso Eucarístico Nacional, 18

V Conferência Episcopal (Luz), 63-4

Ação Católica, 19, 20

Acari (Rio de Janeiro), 75-8, 81-2, 86, 123n

adé, 98; *ver também* homossexualidade

afoxés, 45

África, 39, 89

afro-brasileiras, religiões, 12, 19, 22, 25, 36, 38, 40-6, 73-4, 82, 87-91, 97, 98, 102, 108, 110, 122-3; *ver também* candomblé; umbanda

Agontime, rainha, 126n

Almanaque de Nossa Senhora Aparecida (periódico), 19

Amado, Jorge, 41

Amazônia, 20, 114

América Latina, 14, 123n

ancestrais, culto dos, 36

Angélica (apresentadora), 119

anglicanos, 23

angola, povo, 38

animais, sacrifício de, 42, 80, 107

animistas, práticas, 40

Antônio, santo, 50, 52-3

Aparecida do Norte, 7, 8, 15, 113; *ver também* Nossa Senhora Aparecida

Araújo Filho, Caio Fábio d', 9, 11-2, 78-9

Arns, Paulo Evaristo, d., 21-2

Assembleia de Deus, 23, 25, 29, 78

Assembleia Nacional Constituinte, 32, 96

Associação Evangélica Brasileira (AEVB), 9

autóctones, igrejas, 35

axé, 105

Axé Opô Afonjá, 125-6n

axexé, 110

Azevedo, Aluísio, 41

Bahia, *39*, 44-5, 81, 123n, 125-6n

"bancada evangélica" (Congresso Nacional), 32, 34, 96

Banco Central, 9

banto, povo, 36, 42, 45

bar mitzva, 110

Barroco, 50-2, 54, 58, 59, 64, 68, 88, 111, 116

Basílica de Nossa Senhora Aparecida, 7

Bastide, Roger, 41

batistas, 23

batuques, 36, 38, 55, 88

bebidas, 64, 105

beneditinos, 51

Benedito, são, 7, 53, 60, 88, 112

benguela, povo, 38

benzimentos, 26, 72

Bíblia, 68, 74, 76, 88

boiadeiros, 42

bois-bumbás, 111, 114

bori, 105-6

Brasil para Cristo, igreja, 25

budismo, 120, 122, 124n

búzios, jogo de, 81

caboclos, 42, 87, 108

Caio Fábio, pastor *ver* Araújo Filho, Caio Fábio d'

calundus, 38

Calvino, João, 34

Câmara, Hélder, d., 20

candomblé, 36, 38, 40, 44-5, 72-3, 80, 88, 97, 102, 103, 109, 121-3

capoeira, 55

caridade, 42

carismáticos, 99, 101; *ver também* Renovação Carismática Católica

carmelitas, 51

Carnaval, 55, 60

Carneiro, Edison, 41

Carvalho, Ricardo Vieira de, 124n

Casa Branca do Engenho Velho (Salvador), 125n

Casa da Bênção, igreja, 25

Casa da Paz (Vigário Geral), 79-83

Casa das Minas (São Luís), 125-6n

Casa-grande & senzala (Freyre), 41

casamento, 93, 95, 99, 109

Castro, Moura, 48

catolicismo, 18-22, 26-7, 32, 35-6, 40, 46, 49-50, 52, 57-60, 62-4, 66-70, 72-4, 87-8, 91-2, 96, 99, 110-13, 116, 122-4; *ver também* Igreja católica

católicos, 12, 18, 20, 23, 26-7, 34, 42, 55, 66, 69, 96, 98-9, 100, 110

Centro Dom Vital, 19-20

"chute na santa", 7-8

Cícero, Padre, 60, 61, 76, 113

ciganas, 42

Círculos Operários, 20, 65

Círio de Nazaré, 113-4

classe média, 23, 44, 84, 90, 96, 98, 121

clero, 33, 62, 64, 124n

Collor, Fernando *ver* Mello, Fernando Collor de

Comando Vermelho, 76

Comunidades Eclesiais de Base, 21, 91

comunismo, 20

Conceição, Maria Júlia da, 126n

Concílio do Vaticano II, 20

Concílio Plenário Brasileiro, 64

Confederação Nacional dos Bispos do Brasil (CNBB), 32

Conferências do Episcopado Latino-Americano, 21

confissão, 72

congadas, 59, 60, 88, 111

congo, povo, 38

congos, 7, 112, 114

Congregação Cristã do Brasil, 23, 25

Congregações Marianas, 19

Congresso Nacional, *10*, 32-3, 114

Contrarreforma, 51

Copa do Mundo, 117-8

Corpus Christi, 53-4, 56, 58, 113, 115, 118

Cosme e Damião, 80

cosmologias, 17, 34, 45, 56-7, 67, 73-4, 88, 91-2, 105, 121

crenças, 8, 13-4, 16-8, 27, 36, 41, 46, 48, 66, 70, 72, 74, 88-90, 124n

crianças, 28, 62, 64, 76-7, 79, 84

cristianismo, 51, 53

Cristo Redentor (Corcovado – Rio de Janeiro), 18, 77

Cristo *ver* Jesus Cristo

cubanos, 122

cultos evangélicos, 29, 70, 72-3, 81, 100-1

Cunha, Euclides da, 41

Cunha, Guilhermino, 11

"cura divina", 25-6

curandeirismo, 40

danças, 57, 64

Daomé, 38, 126*n*

Demônio, 36, 87, 89

"desencantamento do mundo", 16

dessacralização da sociedade, 16

Deus, 23, 36, 53, 57-8, 63, 67, 70-3, 82, 87, 91, 97, 101, 113, 118

Deus É Amor, igreja, 25

deuses, 46, 87, 89, 97-8, 108-9

devoção popular, 64, 67

Diabo, 65, 73, 87, 90

dinheiro, 8, 11, 64, 82, 114

Divino Espírito Santo, festa do, 53, 60, 69

dominicanos, 19

drogas, 16, 80, 82, 85; *ver também* tráfico de drogas

ebós, 105-6

ecumenismo, 73-4, 78, 91

egbá, povo, 38

ekedes, 107

Elesbão, santo, 53

Elis Regina, 116

energias cósmicas, 105

ervas, 26, 53

escolas de samba, 60, 118

escravos negros, 38, 40, 50

esotéricas, religiosidades, 120-1

espiritismo, 19, 25-6, 42-3

Espírito Santo *ver* Divino Espírito Santo, festa do

espíritos, 42, 48, 86, 97, 105, 108

Estados Unidos, 36, 122

ética protestante, 71

Europa, 51, 122

Evangelho Quadrangular, igreja, 25

evangélicos, 11, 12, 28, 30-2, 46, 73, 79, 85, 90, 101, 110, 121; *ver também* igrejas evangélicas; protestantes; protestantismo

evolucionismo, 40-1

ewó, 102

exorcismo, 72-4, 88

Exu, 90

exus, 42, 72-3

ex-votos, 48

Fábrica de Esperança, 78

Farias, Paulo César, 9

fascismo, 19

fé, 7-8, 14, 19, 21-2, 25, 27, 33, 36, 42, 51, 54, 56-8, 62-3, 65-8, 71, 83, 91-2, 97, 100, 110

Ferraz, Caio, 79, 83

festas cívicas, 110, 116, 118

fetichistas, práticas, 40, 119

Figueiredo, Jackson, 19-20

Filhas de Maria, 19

filhos de santo, 89, 97, 106-9, 121

folclore, 60, 114

Folia de Reis, 53, 60, 111-4

Forças Armadas, 20
França, 41
franciscanos, 51
Francisco, são, 53
Freyre, Gilberto, 41
fula, povo, 38
funk, 77, 80, 119
futebol, 25, 29, 69, 77-8, 118-9

Gantois, terreiro do, 125-6n; ver também
    Mãe menininha
globalização, 120
Globo ver Rede Globo
Gonçalo, são, 54
graça divina, 71-2
"guerra espiritual", 36, 70
"guerra santa", 10-1

haussá, povo, 38
Helde, Sérgio von, 8
heresia, 51
hierarquia católica, 21-3, 25-8, 32-3,
    63-4, 67
hinduísmo, 120
Hobbes, Thomas, 56
homossexualidade, 97-8

iaôs, 80, 88, 102
identidade sexual, 72, 98
Ifigênia, santa, 53
Igreja católica, 8, 13, 18-23, 27, 43-4, 46, 48,
    62-3, 65, 68, 72-3, 92-3, 101, 123-4n
Igreja Internacional da Graça de Deus, 28
Igreja Presbiteriana Independente, 9
Igreja Presbiteriana no Brasil, 11

Igreja Universal do Reino de Deus,
    8-9, 10, 11-2, 28-9, 32, 36, 69, 71-2,
    88, 100, 122
igrejas evangélicas, 12, 27, 30, 35, 81-2,
    100, 122
igrejas neopentecostais, 14, 29, 68,
    70, 72-4, 88
igrejas pentecostais, 23, 25, 27, 29-30,
    35, 43, 46, 66, 68, 123n
ijexá, povo, 38
Ilê Axé Ossanyin, 124n
Ilha Fiscal, 59
Império brasileiro, 18, 34, 40, 59-60
Império romano, 51
Inácio de Loyola, Santo, 34
índios, 40, 50
individualismo, 90, 92, 107
industrialização, 26, 43
infidelidade conjugal, 95
iniciação, ritos de (candomblé), 46,
    80, 89, 102-3, 105-10
inquices, 46
Instituto Brasileiro de Geografia e
    Estatística (IBGE), 30
International Church of the Foursquare
    Gospel, 25
ioruba, povo, 38, 126n
Irã, 119
Irmandade de Nossa Senhora da Boa
    Morte, 126n
Irmandade de São Miguel e Almas, 52
Irmandade Nossa Senhora da Boa
    Morte, 39
Iyanassô, casa de, 126n

jansenismo, 71

jejes-nagôs, ritos, 42, 45

Jerônimo, são, 77

jesuítas, 51-2

Jesus Cristo, 8, 48, 50, 53, 62, 67, 70, 72, 89, 92, 94, 100, 110, 116

João VI, d., 58

João, são, 53, 110

jogos, 64

Jorge Luís, traficante, 76, 81

Jorge, são, 52, 76-7, 80, 83

Jornal Nacional (Rede Globo), 8

José, são, 54

Juazeiro do Norte, 60, *61*, 113

judeus, 110

Kardec, Allan, 41

kardecismo, 25, 26, 42-3

Kennedy, John, 119

keto, povo, 38

Khomeini, aiatolá, 119

laicização, 16-8, 93, 119

Lar Católico (periódico), 19

Lázaro, são, 80

Leandro, cantor sertanejo, 116

Leituras Católicas (periódico), 19

Lennon, John, 119

Lima, Alceu Amoroso, 20

lógica do mercado, 47, 121

Lopes, Ana Cristina, 124n

Lopes, Ana Lucia, 123n

luteranos, 23

Lutero, Martinho, 34

Macedo, Edir, 8, 9

macumba, 11-2, 42, 66, 72-3

Madalena, Maria, 94

Mãe menininha do Gantois, 37

Maligno, 70, 72, 82-3, 87, 88; *ver também* Demônio; Diabo

Mamonas Assassinas, conjunto musical, 116

mandinga, povo, 38

Maranhão, 125-6n

Maria, santa *ver* Nossa Senhora; Virgem Maria

Maritain, Jacques, 19

matrimônio ver casamento

meios de comunicação/mídia, 8-9, 13, 22, 28-9, 35, 72, 88, 96, 100, 114, 119

Mello, Fernando Collor de, 9, 117

Mensageiro do Rosário (periódico), 19

menstruação, 106

"mercado dos bens de salvação", 13, 17, 23, 35, 46-7, 58, 66, 74, 90, 119, 122; *ver também* salvação

mercedários, 51

metamorfoses do sagrado, 119-20

metodistas, 23

Miami (EUA), 122

migração, 26, 43, 112-3

Miguel Arcanjo, são, 52

Minas Gerais, 7, 48, 54

Miranda, Carlos Magno de, 8

missas, 7, 52, 57, 99

moçambiques, 7, 60, 88, 111-2

modernidade, 12-4, 16, 22, 58; *ver também* pós-modernidade

monarquia, 54, 56, 59

moralidade, 63, 68, 94, 98-9

Motta, Sérgio, 9

Movimento de Renovação Carismática ver Renovação Carismática Católica

mulheres, 28, 39, 68, 76, 94-5, 100, 103

nagô, povo, 38, 45

narcotráfico ver tráfico de drogas

Natal, 53, 60, 99, 111, 116

negros, 7, 38, 39, 40-2, 44-5, 49-51, 53-4, 59-60, 66, 73, 78, 83, 87-8, 98, 102, 110-1, 123n

neopentecostalismo, 28, 89, 100; ver também igrejas neopentecostais

Neves, Tancredo, 116

Nigéria, 38

Nordeste, 20

Nossa Senhora Aparecida, 7, 8, 15, 60, 77, 123n

Nossa Senhora da Boa Morte, 53

Nossa Senhora do Rosário, 7, 53, 60

obás, 107

obrigações rituais (candomblé), 106-7

Ocidente, 56, 120

ogans, 81, 107

Ogum, 76, 80, 104

Olodum, 45

"opção pelos pobres", 21, 35

oração, 62, 99-100

ori, 103, 105-06

orixás, 38, 42, 45-6, 72, 78, 80, 87, 98, 102, 105-6, 108-9, 117

Outeiro da Penha, 55

Padroeira do Brasil ver Nossa Senhora Aparecida

pagãos, 51

pais de santo, 80, 82, 87-8, 106-7

Paixão de Cristo, 113

palavra de Deus, 23, 82, 101

Pará, 23, 113

Paraíba, rio, 7

Parintins, 114

paróquias, 19

Pascal, Blaise, 71

Páscoa, 99, 116

pastores evangélicos, 8-9, 28, 32-3, 74, 100

pecado, 52, 70

Pedro II, d., 59

Pedro, são, 53

penitência, 72

pentecostalismo, 22, 25, 26, 30, 68, 88, 100; ver também igrejas pentecostais

Pentecostes, 69

pluralismo ideológico, 19

Polícia Federal, 9, 83-4

pombagiras, 42, 72-3

populares, religiosidades, 68, 73, 88, 91

Portugal, 48, 122

positivismo, 18, 41

pós-modernidade, 13, 47, 119-20

predestinação, 71

presbiterianos, 23

pretos-velhos, 42, 87, 108

procissões, 52-3, 56-8, 60, 62, 65, 67, 113, 115

Procuradoria da República, 9

profano *versus* sagrado, 11, 56-7, 59--60, 62, 65-6, 88, 90-1, 94, 100, 112, 114, 119

proselitismo, 29, 35, 88

prosperidade, 36, 70-1, 91; *ver também* "teologia da prosperidade"

protestantes, 12, 23, 29-30, 71, 74, 96, 98, 123n; *ver também* evangélicos

protestantismo, 12-4, 19, 22-3, 25, 27-9, 35, 43, 66, 68-9, 87-8, 123n

psicanálise, 16

quelê, 103

quiloa, povo, 38

quizilas de orixás, 103

rádio, 25, 29, 81, 99

Ramos, Arthur, 41

rebolo, povo, 38

Receita Federal, 9

Recife, 44, 65, 126n

Rede Globo, 8, 11

Rede Record, 8-9, 11, 29

redentoristas, 19

Rei de Congo, 53, 60, 112

Reizinho, traficante, 77

Renascer em Cristo, igreja, 28-9

Renascimento, 16, 109

Renovação Carismática Católica, 22, 92, 121

República brasileira, 60

"Restauração Católica", 18

Revista Vinde, 9

Revolução de Outubro (Rússia), 20

Revolução Francesa, 118

Revolução Industrial, 16

Rio de Janeiro, 11, *24*, 41, 44, 54, *55*, 58, 62, 75, 118, 124n

ritos coletivos, 114, 116

ritos de passagem, 109

rituais, 46, 66, 68, 72-4, 88, 90, 103, 105-7

Rocha, Cristina, 124n

Roma, 7, 18, 22

romanização, 18, 59, 62-4

romarias, 60, *61*, 113

romeiros, 7, *15*, 113

Rosa, Terezinha dos Santos, 124n

roupas, 63, 97, 105, 107, 114

Rushdie, Salman, 119

Rússia, 20

sacralidade, 108, 110, 114, 118, 121

sacrifício expiatório, 119

salesianos, 19

Salles, Elisa Regina Gomes Torquato, 124n

salvação, 11, 26, 27, 52, 71, 91

Salvador (Bahia), 44, 81, 104, 123n, 125-6n

samba, 55, 60, 78, 118

Santíssimo Sacramento, 53

Santo Daime, 120

Santo Ofício, 40

santos católicos, 48, 50-1, 53-4, 60, 62-4, 67, 76, 78, 111

Santos, Eugênia Ana, 126n

Santos, Jocélio Teles dos, 123n

Santos, Osmar, 119

São Paulo, 11, *15*, 21, 23, 41, 44, 80, 82-4, 123-4n

Sebastião, são, 52, 60

Segunda Guerra Mundial, 20, 25

Segundo Reinado, 59

Seleção Brasileira de futebol, 116-8

Semana de Arte Moderna (São Paulo), 41

Semana Santa, 53, 113

Senhor do Bonfim, 53

Senna, Ayrton, 116

sexualidade, 63, 72, 93, 95-8, 103, 105-6

Siepierski, Carlos, 123n

Silva, Joaquim Vieira da, 126n

Silva, Sidney, 123n

simpatias, 26

sociabilidade, 44, 74-5, 84, 99-102, 106, 108, 113, 121

sociedade de consumo, 116

Souza, Marcos Alvito de, 123n

Supremo Concílio da Igreja Presbiteriana no Brasil, 11

tábuas votivas, 48

tabus, 56, 102, 103, 105

tapete de flores e serragem (Corpus Christi), 113, *115*

televisão, 7-9, 11, 29, 68, 71, 84-5, 96, 99-100, 114, 117

templos, 7, 51-2, 64, 69, 71, 78, 80, 90, 100-1, 122

Teologia da Libertação, 22, 35, 67

"teologia da prosperidade", 36, 70

Terceiro Comando, 76

terreiros de candomblé, 38, 40, 44-6, 73, 80-3, 85, 88-91, 98, 102-3, *104*, 105, 107-8, 122-3, 126n

terreiros de umbanda, 78, 88, 97, 122

Tibete, 124n

Tiradentes, 54

Tonicão, 76, 81

Tradição, Família e Propriedade (TFP), 21

tráfico de drogas, 9, 75-9, 81-6, 123n

transe, 73, 97, 108

Triunfo eucharistico, 57

Tupinambarana, ilha de, 114

umbanda, 26, 41-6, 72, 73, 78, 88, 90, 97, 102, 110, 122

umbandistas, 42-3

Universal *ver* Igreja Universal do Reino de Deus

urbanização, 43, 99

Vale do Paraíba, 7

Vargas, Getúlio, 116

Veloso, Caetano, 83

Verbo Divino, padres do, 19

Verger, Pierre, 41

vida eterna, 71; *ver também* salvação

vida privada, 12, 14, 17-8, 20-1, 47-8, 58, 74, 93, 95-6, 99, 101-2, 108-10, 112, 114, 120-2

vida pública, 12-3, 17-8, 20-2, 28, 33, 35, 48, 51, 110-1, 114, 116-7, 119

vida social, 14, 17, 21, 27, 33, 35, 58, 74, 90, 93, 99, 101, 109, 114, 116

Vieira, Antônio, padre, 50, 52

Vigário Geral (Rio de Janeiro), 78-83

Vilela, José Alves, 123n

violência, 75, 81-2, 84-9, 91, 119, 122-4

Virgem Maria, 7, 8, 48, 53, 67, 94; *ver também* Nossa Senhora

virgindade feminina, 93-4
virtudes, 42, 52, 65
Visão Nacional de Evangelização (Vinde), 9
voduns, 38, 46, 126*n*

Weber, Max, 16, 71
Willems, E., 27
Women's Lib, 95

xamânicas, práticas, 122
Xangô, 77, 80
xangôs, 36
xintoísmo, 120
Xuxa, 119

Zaluar, Alba, 128*n*
Zé Pilintra, 80
Zumbi dos Palmares, 110

CRÉDITOS DAS IMAGENS

Página 10: Dida Sampaio, Agência Estado.
Página 15: Agliberto Lima, Agência Estado.
Página 24: Acervo Iconographia.
Página 31: Agência Estado.
Página 37: Ricardo Malta, N Imagens.
Página 39: Adenor Gondim.
Página 55: Acervo Iconographia
Página 61: Agência Estado.
Página 104: Ricardo Azoury, Pulsar.
Página 115: Agência Estado.

ESTA OBRA FOI COMPOSTA
EM CHARTER POR WARRAKLOUREIRO
E IMPRESSA EM OFSETE PELA GRÁFICA
BARTIRA EM PAPEL PÓLEN SOFT DA
SUZANO PAPEL E CELULOSE
PARA A EDITORA CLARO ENIGMA
EM JANEIRO DE 2013

A marca FSC® é a garantia de que a madeira utilizada na fabricação do papel deste livro provém de florestas que foram gerenciadas de maneira ambientalmente correta, socialmente justa e economicamente viável, além de outras fontes de origem controlada.